Sabine Ruf

# BALACLAVA MÜTZEN

## STRICKEN UND HÄKELN

CV

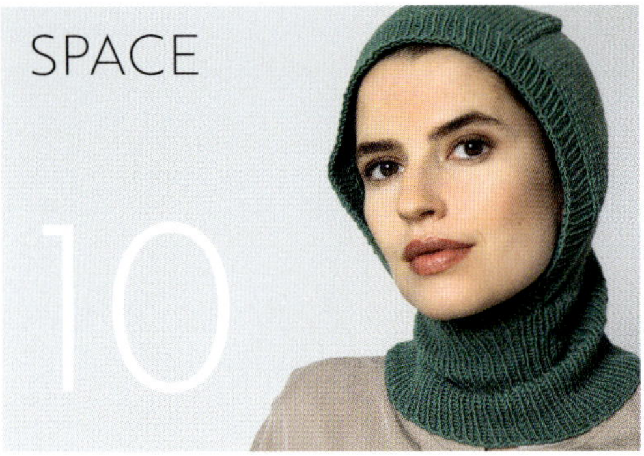



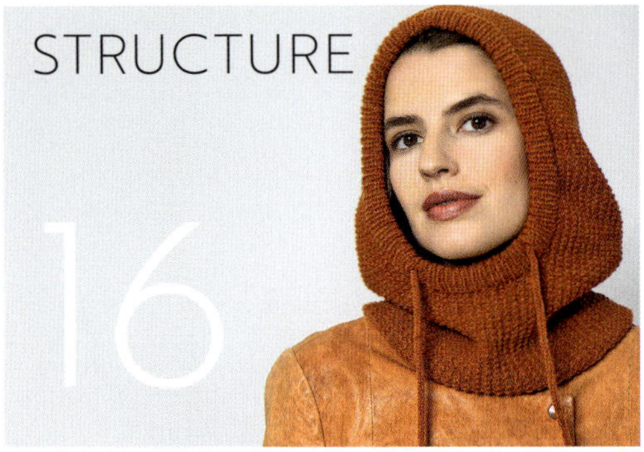



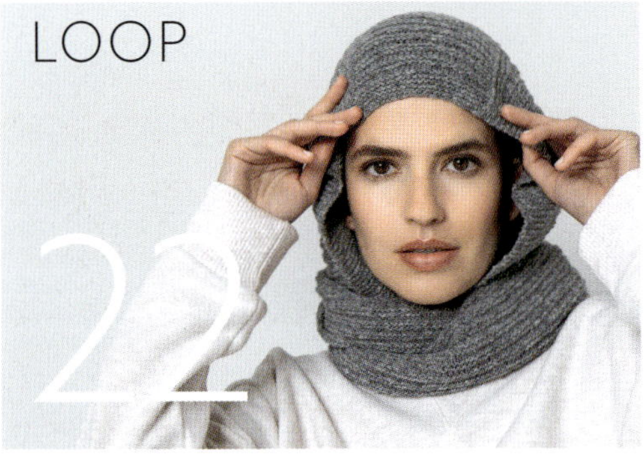



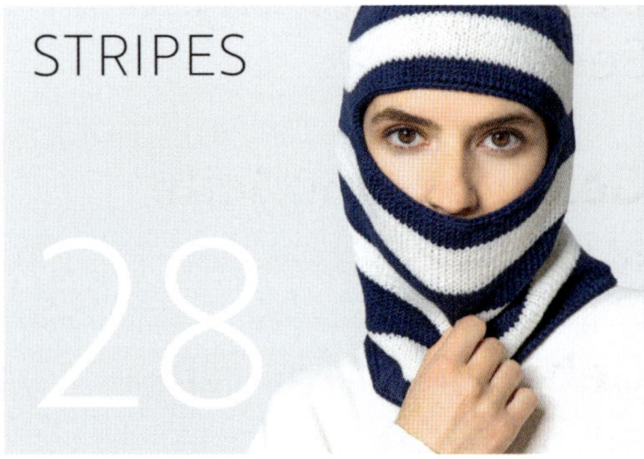



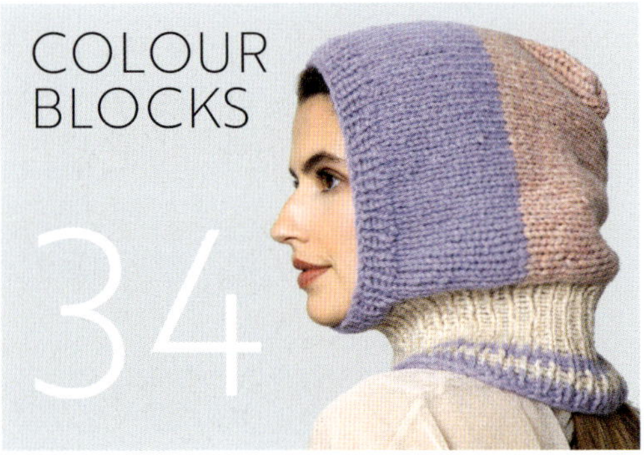



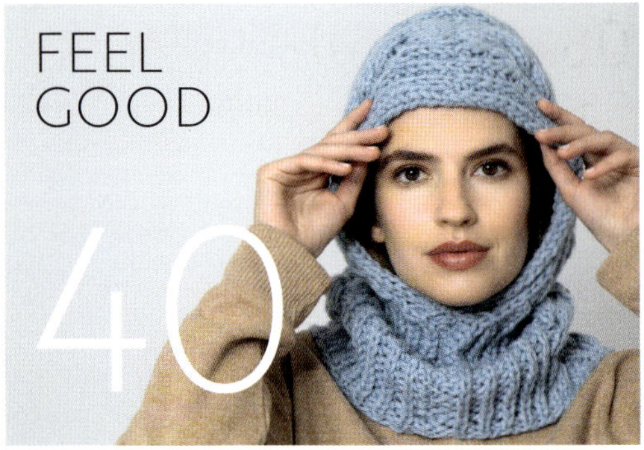



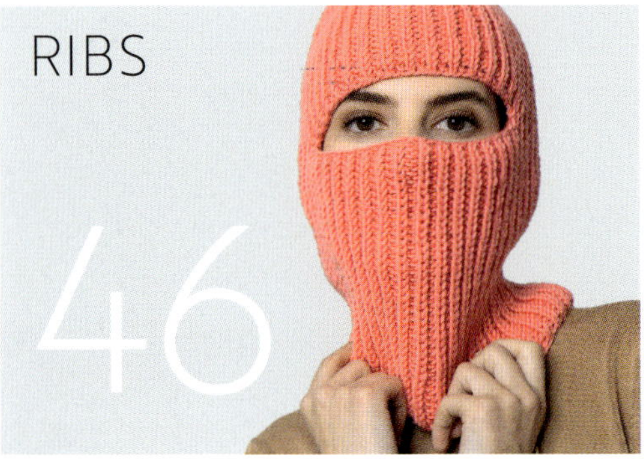



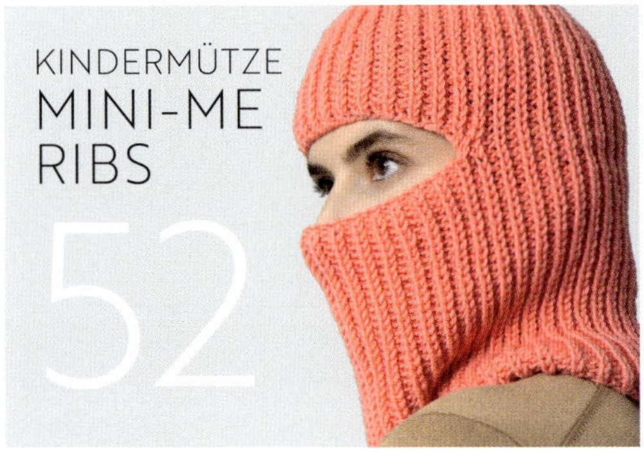

# Inhalt



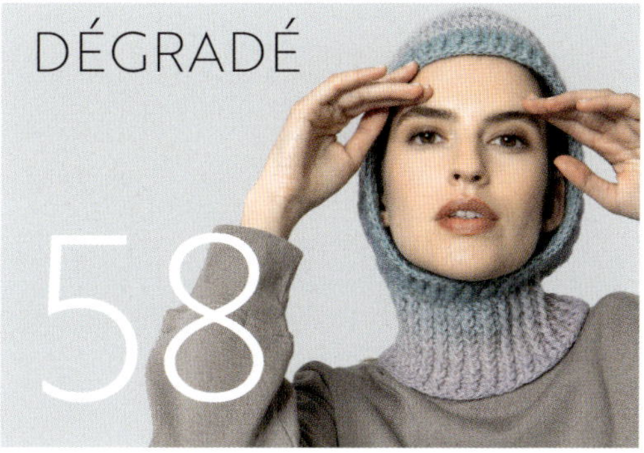


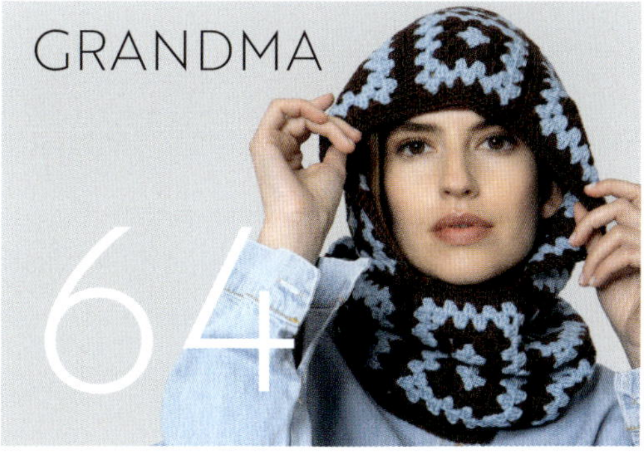


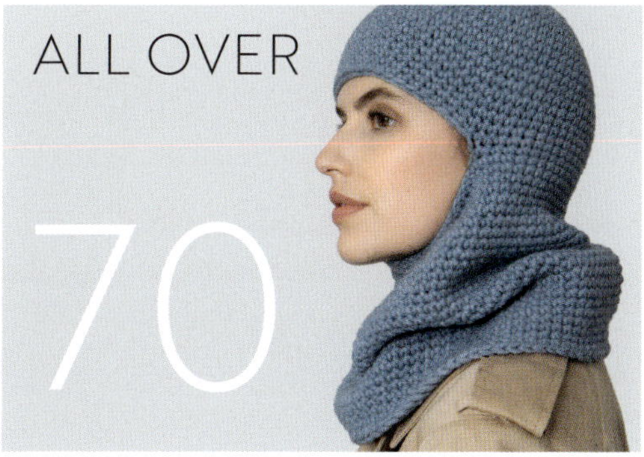


## Abkürzungen

M: Masche und Maschen
R: Reihe und Reihen
Rd: Runde und Runden

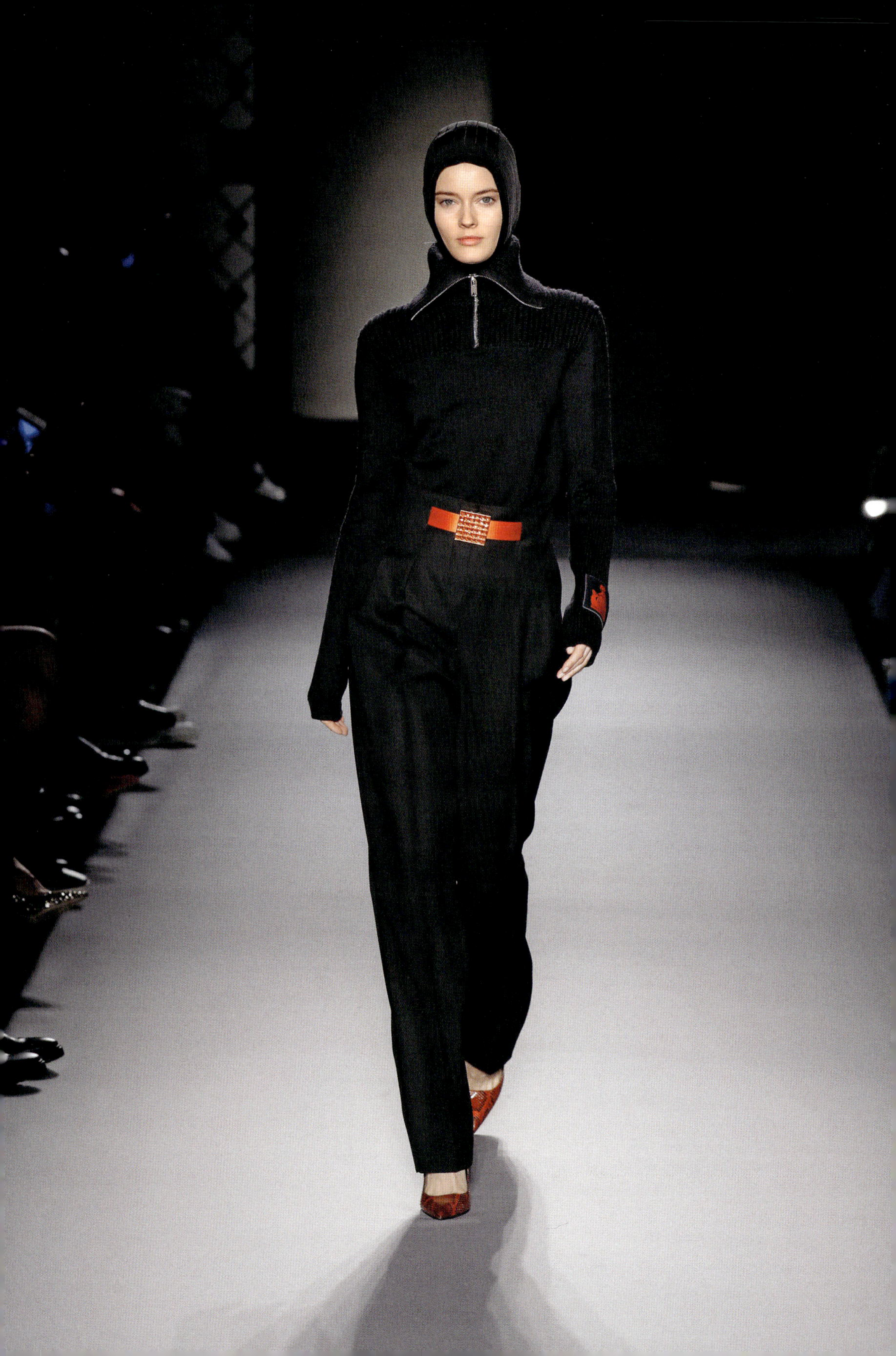

# Vorwort

## Balaclava inspiriert!

Das Wort Balaclava kommt aus dem russischen Sprachraum und bezeichnet eine Kopfbedeckung, ähnlich den Sturmhauben wie sie Motorradfahrer tragen. Für Bikerfans sind Sturmhauben, unter dem Helm getragen, ein unerlässliches Accessoire ihrer Ausrüstung und in der Kindermode gibt es sie schon lange, die Schlupfmützen.

Jetzt hypen sich Sturmhauben und Schlupfmützen in trendige Warmhalter für Kopf und Hals, also Mütze und Schal in einem. Wunderbar, denn somit entfällt das um den Hals schlingen des Schals und die Mütze ist dabei immer mit am Start. Ist es mal sehr kalt, dann kann man sogar die Balaclava bis über die Nase ziehen und wird es dann doch zu warm, zieht man die Mütze einfach runter und hat dadurch eine kleine Kapuze. Einfach total praktisch und vielseitig, diese Balaclava.

Das war für mich die Motivation, zu diesem Thema ganz unterschiedliche Modelle zu entwickeln, denn die herkömmlichen Sturmhauben und Schlupfmützen sind ja doch etwas eintönig.

Und was ist das Besondere an den Balaclavas in diesem Buch?
Das sind die Garne, von dick bis dünn, aber immer in einer schönen und hochwertigen Qualität aus Merinowolle, Cashmere oder Alpaka. Das sind die Formen, mal lässig weit oder eng am Kopf anliegend – und das sind die Muster, mal schlicht mit etwas Struktur, einem Zopf, Patentmuster oder ganz einfach glatt rechts gestrickt. Als Special zeigen sich auch noch drei gehäkelte Balaclavas, eine davon im Granny-Style!

Pssssst! Die meisten der Modelle sind an zwei Abenden fertig!
Also nichts wie ran an die Nadeln!

Herzlichst,
eure Sabine Ruf

# Balaclava

## Balaclava, was bedeutet das eigentlich?

Der Begriff »Balaclava-Mütze« wurde nach der Stadt Balaklava auf der Krim benannt. Eine historische Bedeutung bekam die Stadt während des Krimkrieges im 19. Jahrhundert.

Dort wurde die eng anliegende Kopfbedeckung von Soldaten, insbesondere Kavallerieeinheiten, getragen, um sich vor den extremen Wetterbedingungen zu schützen.

Aber sie trugen sie nicht nur als Schutz, sondern auch als Erkennungszeichen ihrer Einheit und ihres Mutes in der Schlacht.

Die Mützen weisen einen für Mützen speziellen Schnitt auf. Charakteristisch ist, dass sie den gesamten Kopf, Nacken und oft auch Mund und Ohren bedecken, um größtmöglichen Schutz vor Kälte und Wind zu bieten.

Nach dem Krieg fand die Balaclava-Mütze Anwendung bei Polarforschern, Wintersportlern und Bergsteigern und entwickelte sich zu einem Symbol für Abenteuer und Outdoor-Aktivitäten, bis sie zu einem der derzeit heißesten Fashiontrends der Saison avancierte.

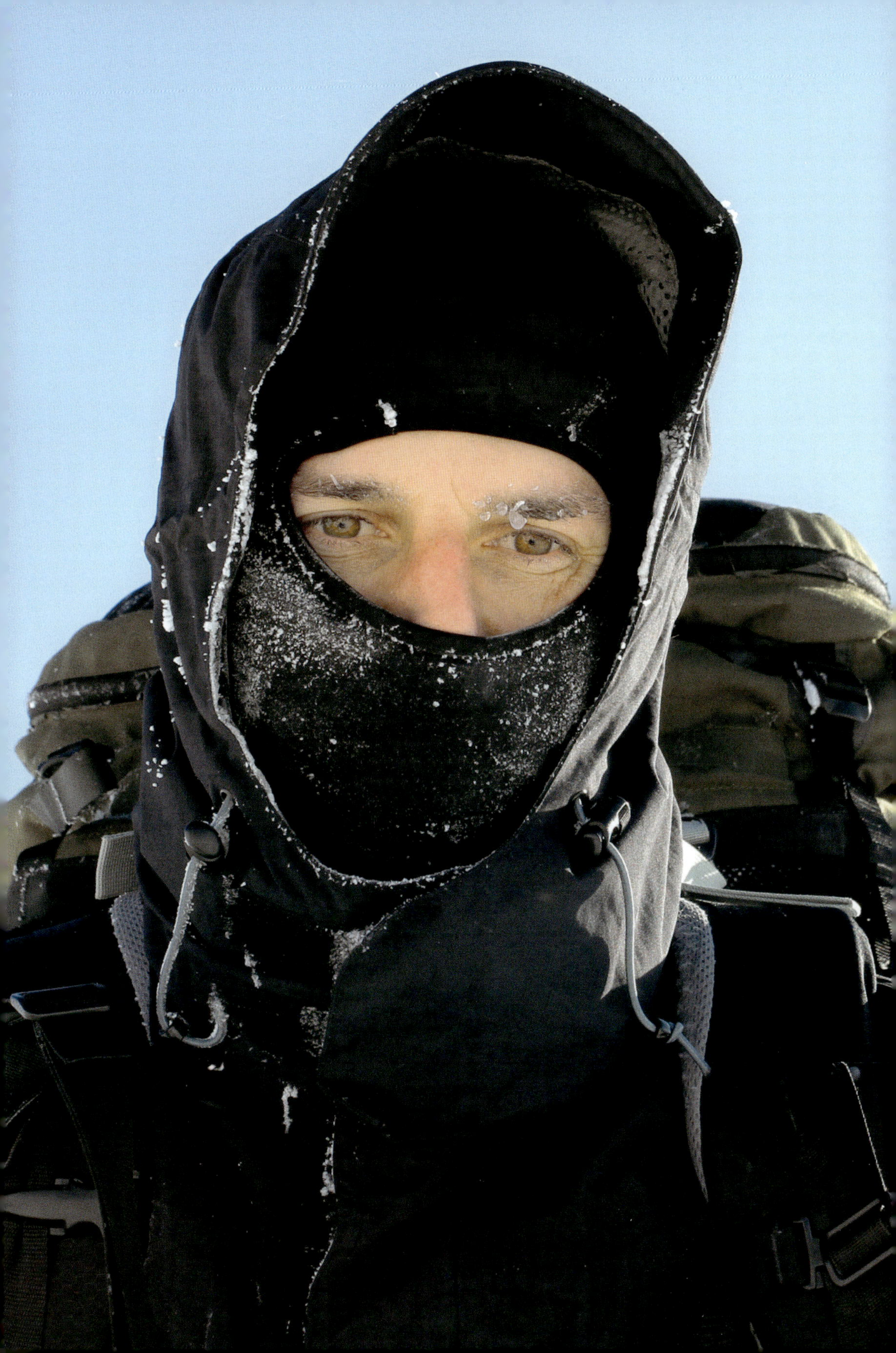

# SPACE

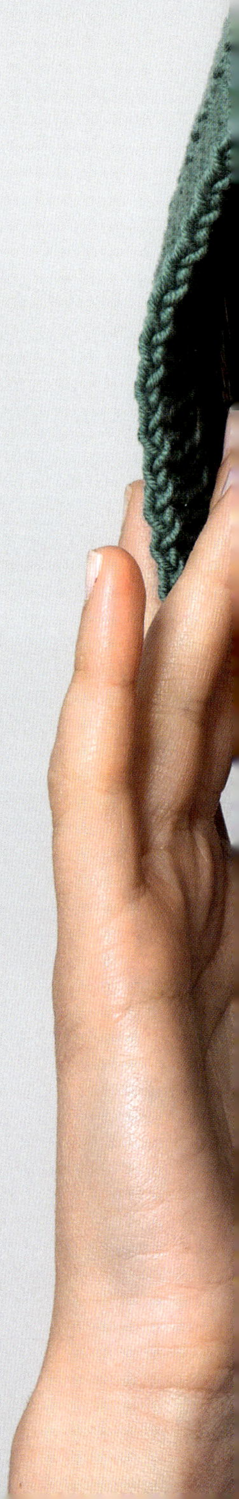

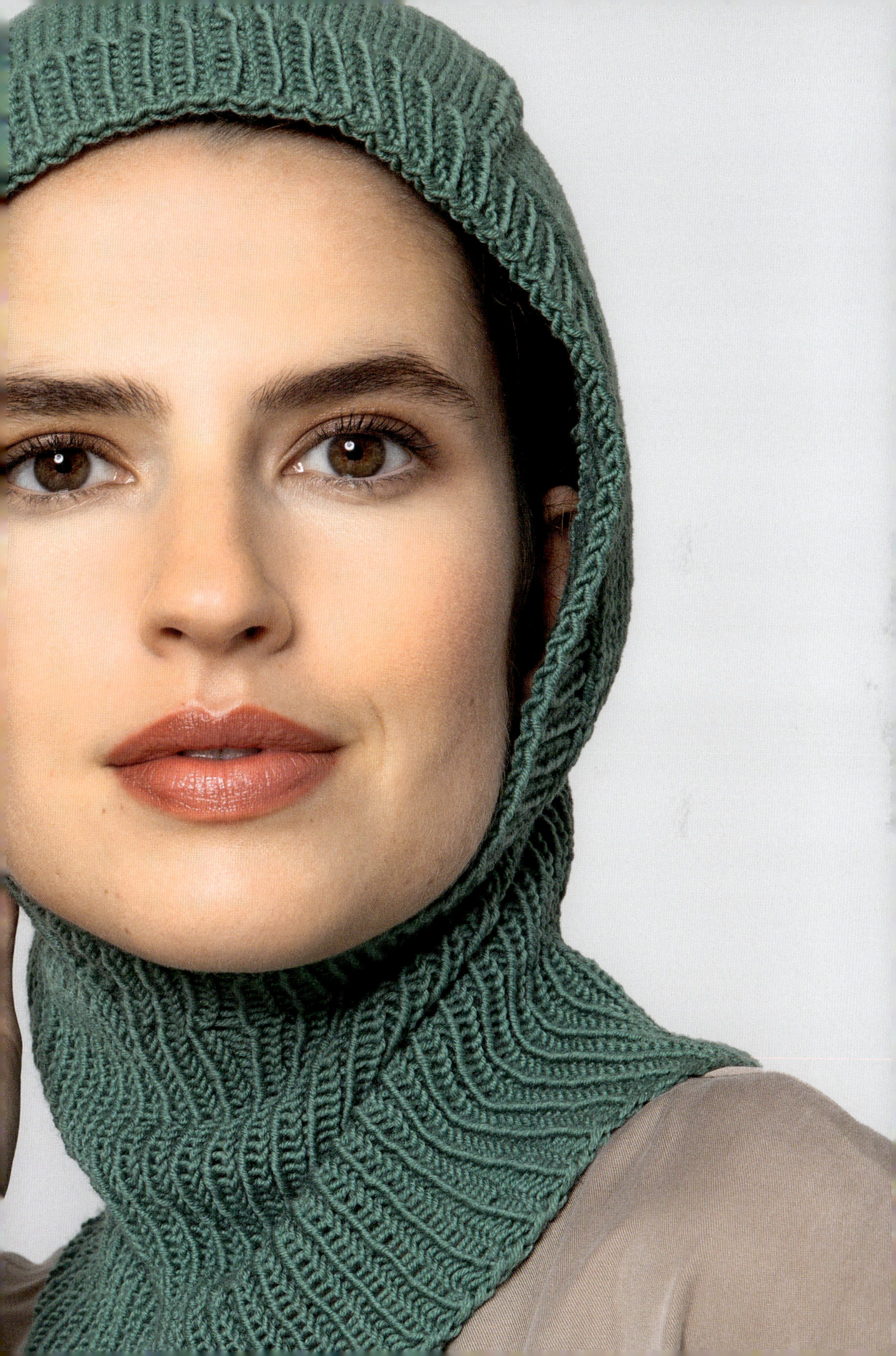

# SPACE

**SCHWIERIGKEITSGRAD** mittel

**KOPFUMFANG** 54–56cm

**MATERIAL** 100g Cool Wool (100% Schurwolle Merino Extrafein) in Moosgrün (Fb. 2086) von Lana Grossa mit einer Lauflänge von 160m/50g;
Rundnadel 3,5mm in 40cm Länge, Nadelspiel 3,5mm.

---

## MASCHENPROBE

Mit Nadel 3,5mm glatt rechts gestrickt ergeben 24 M und 32 R 10cm x 10cm

**Bündchenmuster 1-1-Rippe:**
Maschenzahl teilbar durch 2 M. In Rd 1 M rechts und 1 M links im Wechsel stricken.

**Glatt rechts:**
In Hin-R rechte M und in Rück-R linke M stricken.

**Kraus links:**
In Hin- und Rück-R linke M stricken.

**Naht-Randmasche:**
In Hin-R rechts, in Rück-R links stricken.

**Betonte Abnahmen:**
Rechter Rand: Naht-Randmasche, 1 M rechts, 1 einfacher Überzug (= 1 M rechts abheben, die folgende M rechts stricken, dann die abgehobene M überziehen).
Linker Rand: 2 M rechts zusammenstricken, 1 M rechts, Naht-Randmasche.

## SO WIRD'S GEMACHT

**Anleitung:** Man beginnt am Halsbündchen. 96 M mit Rundstricknadel 3,5mm anschlagen. Arbeit zur Rd schließen und Rundenbeginn markieren. Der Rundenbeginn liegt in der rückwärtigen Mitte der Mütze. Im Rippenmuster in Rd stricken. Nach 14cm die mittleren 12 M stilllegen = 84 M. Von nun an in Hin- und Rück-R weiterarbeiten, dafür die M wie folgt einteilen: Naht-Randmasche, 28 M glatt rechts, 2 M kraus links, 22 M glatt rechts, 2 M kraus links, 28 M glatt rechts, Naht-Randmasche. Für den Gesichtsausschnitt in der 3. R 1x 1 M beidseitig abnehmen, dann in jeder 2. R 3x 1 M und in jeder 4. R 2x 1 M beidseitig abnehmen, dabei betonte Abnahmen arbeiten.
*Gleichzeitig* für die Mützenweite in der 9. R glatt rechts nach den ersten 2 M kraus links und vor den nächsten 2 M kraus links jeweils 1 M zunehmen, dafür wie folgt arbeiten: nach den ersten 2 M kraus links auf der Rückseite der Arbeit den Maschenbogen der folgenden M auffassen und rechts verschränkt stricken. Vor den nächsten 2 M kraus

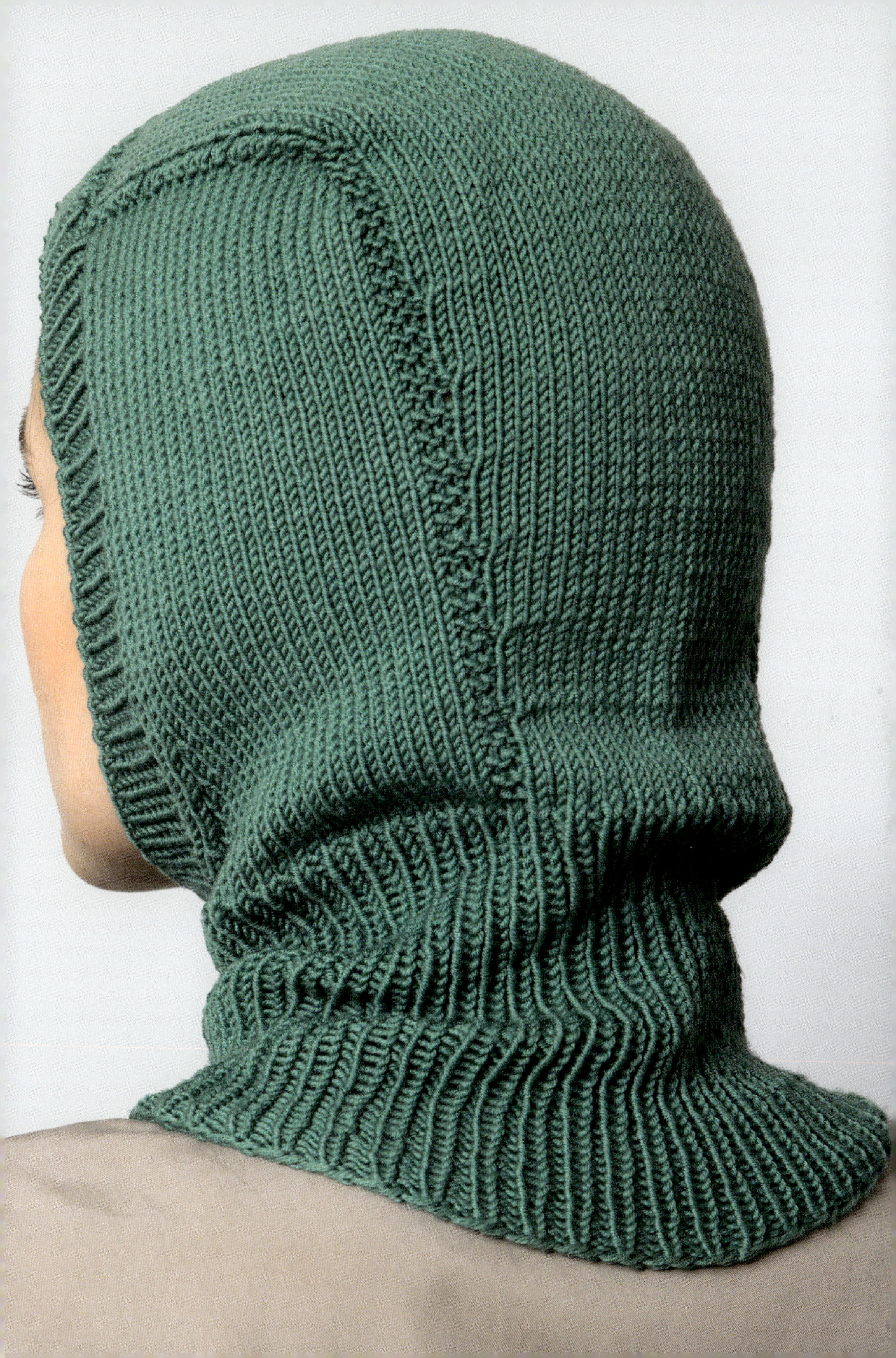

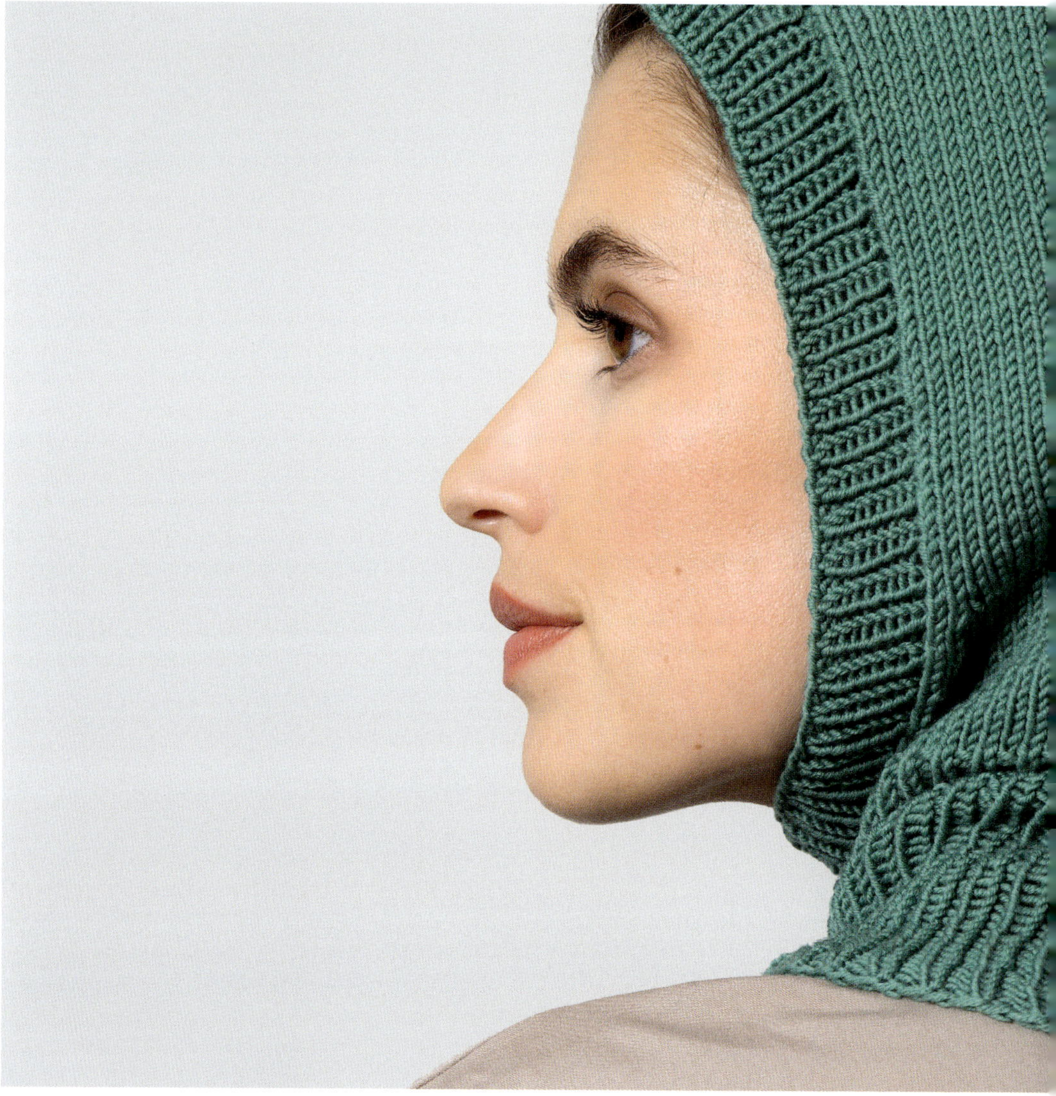

links auf der Rückseite der Arbeit den Maschenbogen der davorliegenden M auffassen und rechts verschränkt stricken. Diese Zunahmen in jeder 8. R noch 5x wiederholen. Die M-Zahl zwischen den je 2 M kraus links hat sich um 12 M auf 34 M erhöht. Es sind immer noch 84 M auf der Nadel. Geradeaus weiterstr. Nach 17cm glatt rechts vor den ersten 2 M kraus links 1 einfachen Überzug (= 1 M rechts abheben, die folgende M rechts stricken, dann die abgehobene M überziehen) arbeiten und nach den nächsten 2 M kraus links 2 M rechts zusammenstricken. Diese Abnahmen in jeder 2. R noch 3x wiederholen = 76 M. Nun die 76 M auf 3 Nadeln des Nadelspiels wie folgt verteilen: 1. Nadel: Naht-Randmasche, 18 M glatt rechts, 2. Nadel: 2 M kraus links, 34 M glatt rechts, 2 M kraus links, 3. Nadel: 18 M glatt rechts, Naht-Randmasche.

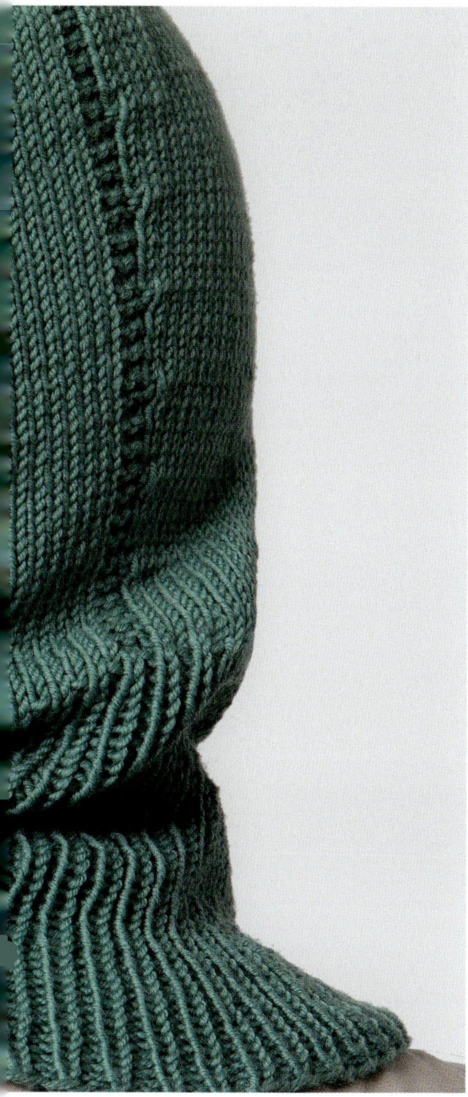

In der folgenden R wie folgt arbeiten: Die M der 1. Nadel stricken, * die M der 2. Nadel stricken, dabei die letzte M der 2. Nadel mit der 1. M der 3. Nadel links zusammenstricken. Arbeit wenden. Die M der 2. Nadel stricken, dabei die letzte M der 2. Nadel mit der 1. M der 1. Nadel li verschränkt zusammenstricken, Arbeit wenden, ab * noch so oft wiederholen, bis alle M der 1. und 3. Nadel aufgebraucht sind. Die restlichen 38 M stilllegen.

**Zu guter Letzt:** Mütze anfeuchten und trocknen lassen. Für das Bündchen mit Rundstricknadel 3,5mm aus dem Gesichtsausschnitt wie folgt M auffassen. Beginn ist in der vorderen Mitte: die 7.–12. stillgelegte M am Halsbündchen stricken, aus dem Seitenrand 48 M auffassen, die stillgelegten 38 M rechts stricken, aus dem Seitenrand 48 M auffassen, die 1.–6. stillgelegte M am Halsbündchen stricken. Arbeit zur Rd schließen = 146 M. Im Rippenmuster stricken, dabei die aufgefassten M in der 1. Rd verschränkt abstricken. Nach 3cm Blendenbreite alle M abketten, wie sie erscheinen.

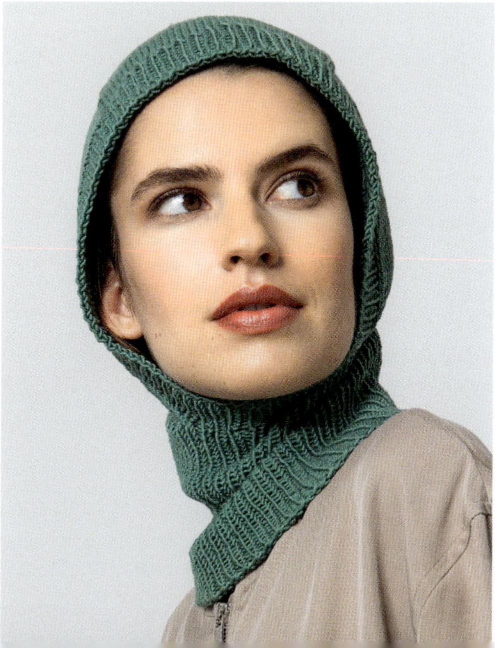

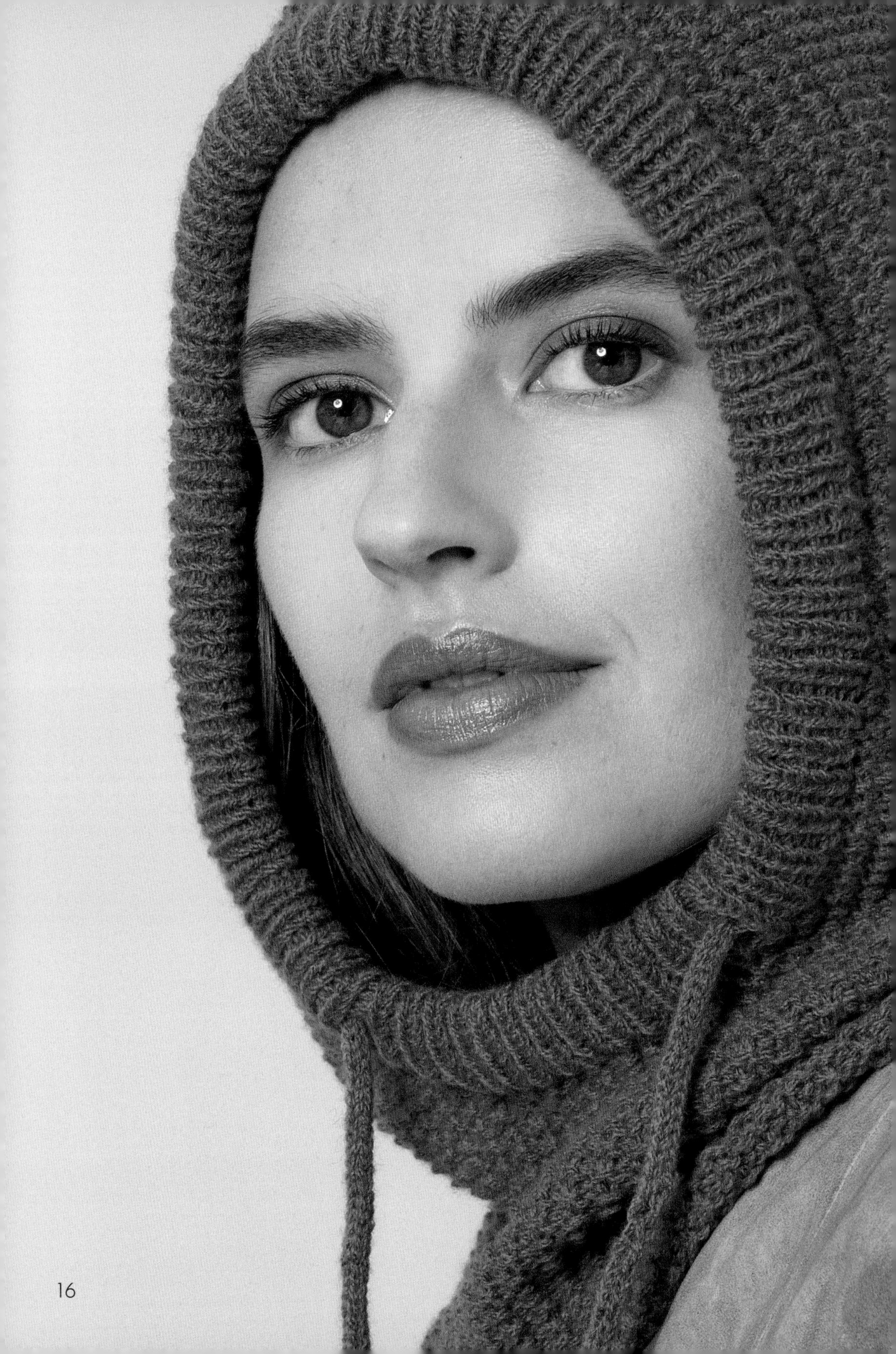

# STRUCTURE

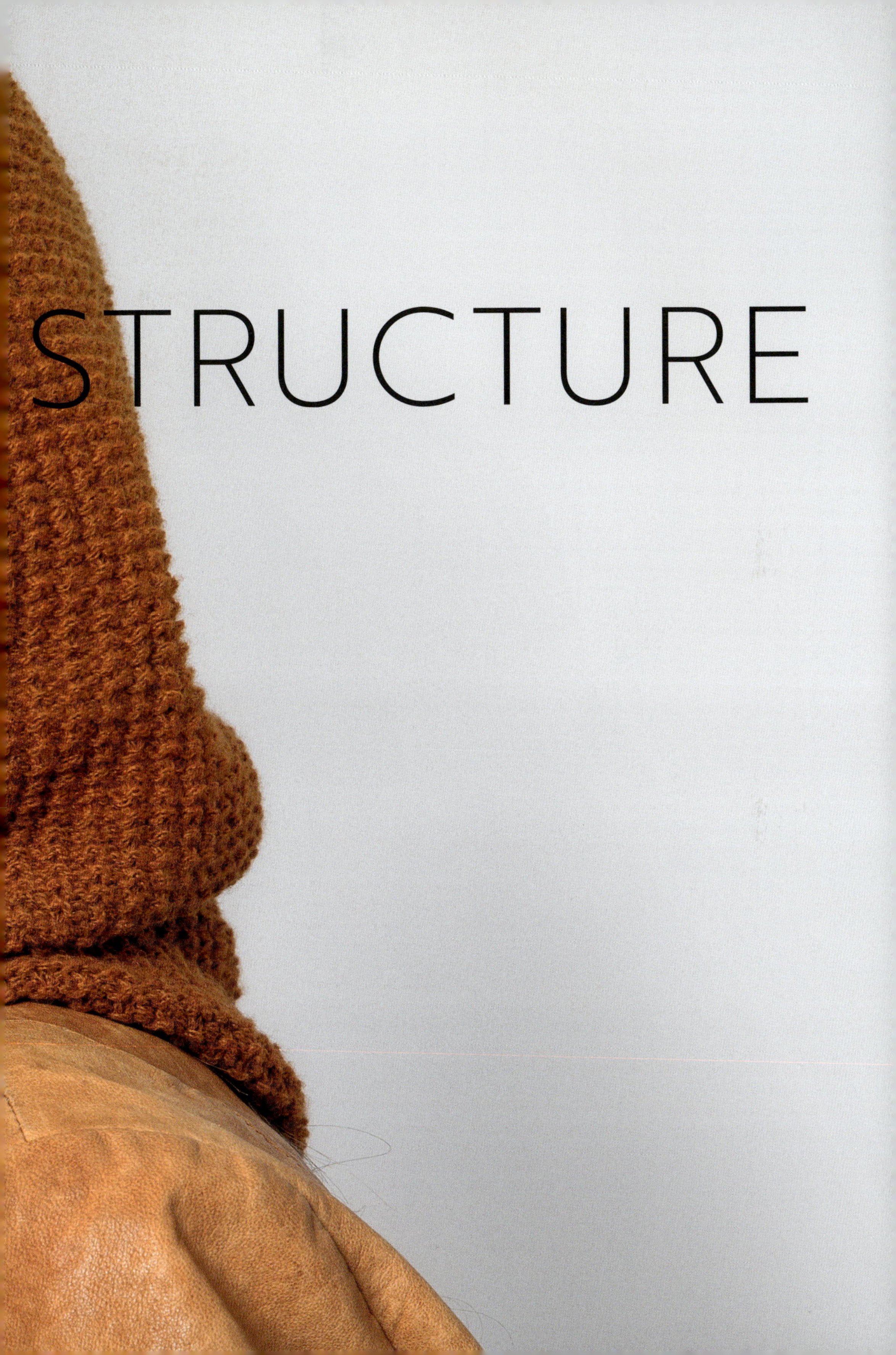

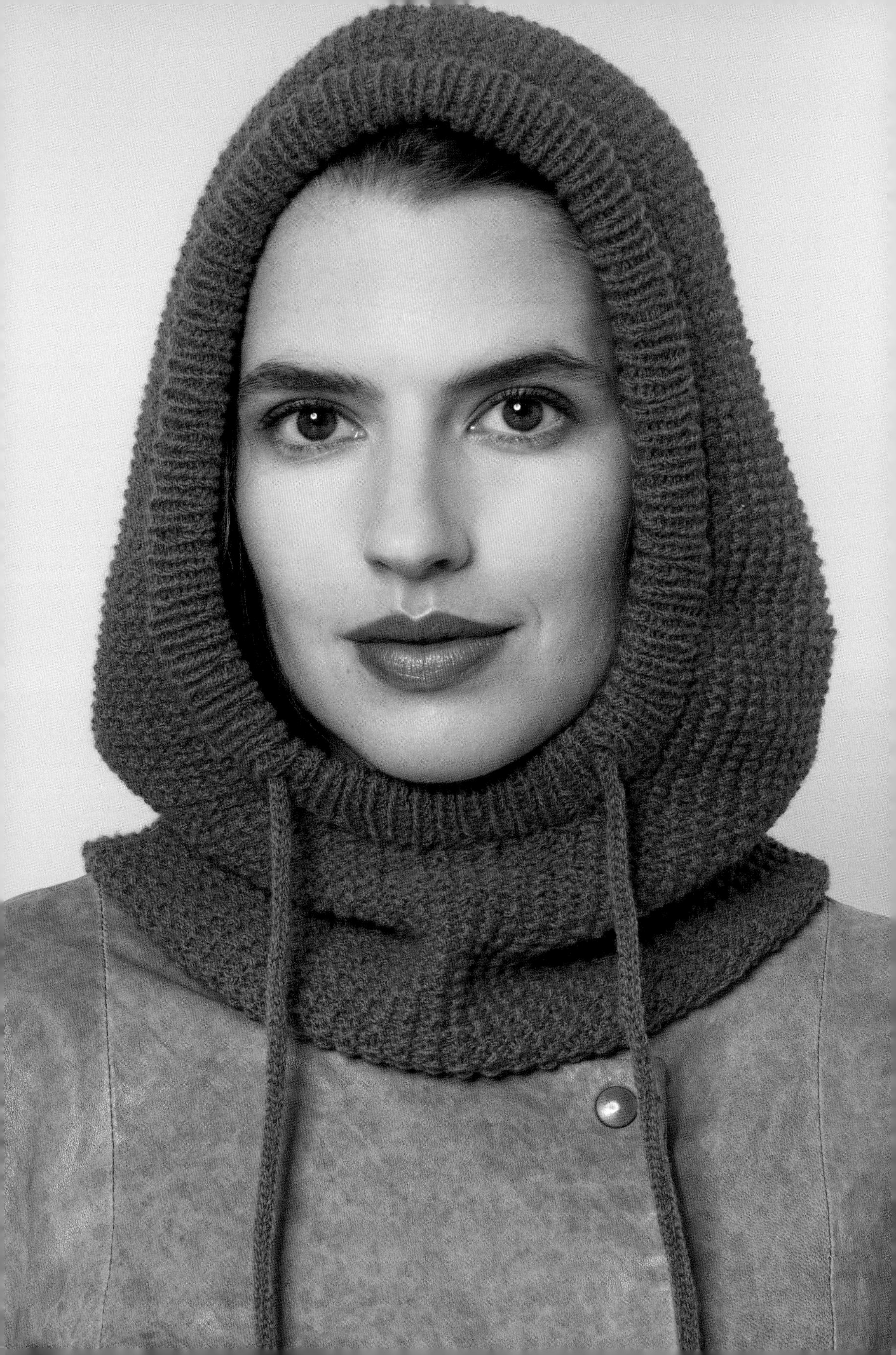

# STRUCTURE

**SCHWIERIGKEITSGRAD** einfach

**KOPFUMFANG** 54–56cm

**MATERIAL** 100g Cashmere 16 Fine (80% Schurwolle (Merino), 10% Kaschmir, 10% Polyamid) in Cognac (Fb. 56) von Lana Grossa mit einer Lauflänge von 320m / 50g; Rundstricknadel 5mm, 40cm lang, Hilfsnadel 5mm; Sicherheitsnadel und Strickmühle von PRYM

---

## MASCHENPROBE

Mit Nadel 5mm im Strukturmuster in R gestrickt ergeben 23 M und 36 R/Rd 10cm x 10cm

**Bündchenmuster 1-1-Rippe:**
Maschenzahl teilbar durch 2 M. In Rd 1 M rechts und 1 M links im Wechsel stricken.

**Strukturmuster in Runden:**
Maschenzahl teilbar durch 2. **1. Rd:** * 1 M links, 1 M rechts, ab * fortlaufend wiederholen. **2. Rd:** linke M. Die 1. und 2. Rd fortlaufend wiederholen.

**Strukturmuster in Reihen:**
Maschenzahl teilbar durch 2 + 1 + Knötchen-Randmasche. **1. R (= Hin-R):** Knötchen-Randmasche, * 1 M links, 1 M rechts, ab * fortlaufend wiederholen, 1 M links, Knötchen-Randmasche. **2. R (= Rück-R):** Knötchen-Randm, rechte M stricken, Knötchen-Randm. Die 1. und 2. R fortlaufend wiederholen.

**Knötchen-Randmasche:**
In Hin- und Rück-R rechte M stricken.

## SO WIRD'S GEMACHT

**Anleitung:** Man beginnt am unteren Rand der Mütze. 152 M mit Rundstricknadel 5mm anschlagen. Arbeit zur Rd schließen und Rundenanfang markieren. Im Strukturmuster in Runden stricken. In 18cm Gesamthöhe für den Gesichtsausschnitt die mittleren 14 M abketten und von nun an in offener Arbeit im Strukturmuster in Reihen weiterstricken, Randmaschen als Knötchen-Randmaschen arbeiten. Für die Rundung in jeder 2. R noch 3x 1 M und in jeder 4. R 4x 1 M beidseitig abnehmen = 124 M. Geradeaus weiterstricken, dabei in der 1. R am Ende der R 1 M zunehmen = 125 M. In 48 cm Gesamthöhe die mittleren 19 M markieren. Für die Kopfform in

# STRUCTURE

der folgenden Hin-R die 1. markierte M mit der M davor mustergemäß zusammenstricken, 17 M stricken, dann die letzte der markierten M mit der folgenden M mustergemäß zusammenstricken. Diese Abnahmen in jeder 4. R noch 4x, dann in jeder 2. R noch 2x wiederholen = 111 M. In der folgenden Hin-R die Mittel-M mit der folgenden M zusammenstricken, dann die R beenden = 110 M. Die M auf 2 Nadeln je zur Hälfte verteilen = 55 M je Nadel.

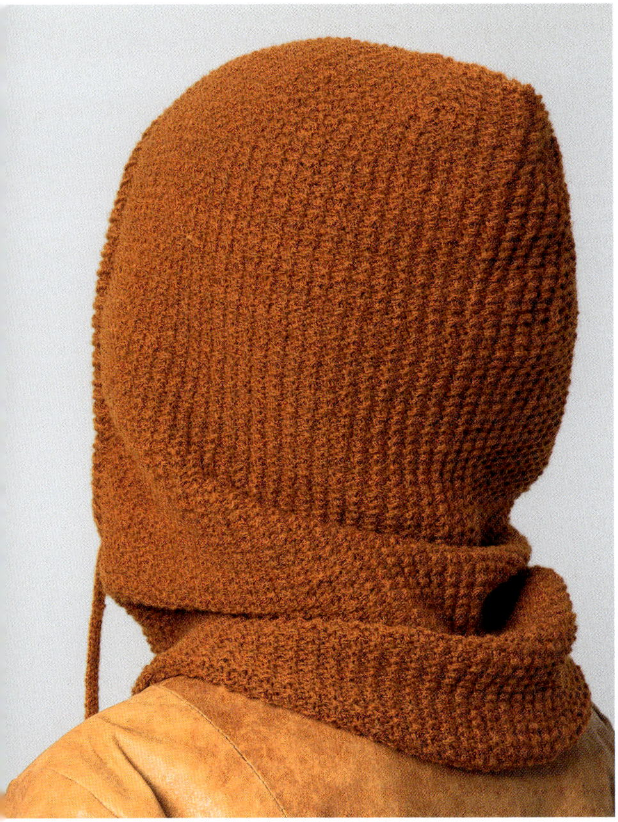

Beide Nadeln parallel in der linken Hand halten, dabei liegt die rechte Seite der Arbeit innen. Nun die 1. M der vorderen Hälfte mit der entsprechenden 1. M der hinteren Hälfte rechts zusammenstricken. Mit der jeweils 2. M ebenso verfahren, dann die letzte M über die soeben gestrickte M ziehen. Diesen Vorgang so lange wiederholen, bis alle M aufgebraucht sind.

**Zu guter Letzt:** Mütze spannen, anfeuchten und trocknen lassen. Aus dem Gesichtsausschnitt ca. 148 M auffassen, dabei in der vorderen Mitte beginnen und enden. Arbeit zur Rd schließen. Mit Rundstricknadel 5mm im Bündchenmuster stricken, dabei nach 4 Rd 2 Knopflöcher für den Kordeldurchzug wie folgt einstricken: ab Rundenbeginn 12 M (1 M rechts, 1 M links im Wechsel) stricken, 1 einfacher Überzug (= 1 M rechts abheben, die folgende M rechts stricken, dann die abgehobene M überziehen), 1 Umschlag, 120 M stricken, 1 Umschlag, 2 M rechts zusammen stricken, 12 M stricken. In der folgenden Rd die Umschläge links stricken. Nach insgesamt 18 Rd Bündchenmuster alle M abketten, wie sie erscheinen. Bündchen zur Hälfte nach innen umschlagen und am Auffassrand so annähen, dass der Auffassrand unter dem Bündchen verschwindet. Mit der Strickmühle eine Kordel anfertigen, fertige Länge ca. 100cm. Kordel mithilfe einer Sicherheitsnadel durch die Knopflöcher in den Tunnel des Rippenbündchens einziehen. Beide Kordelenden verknoten.

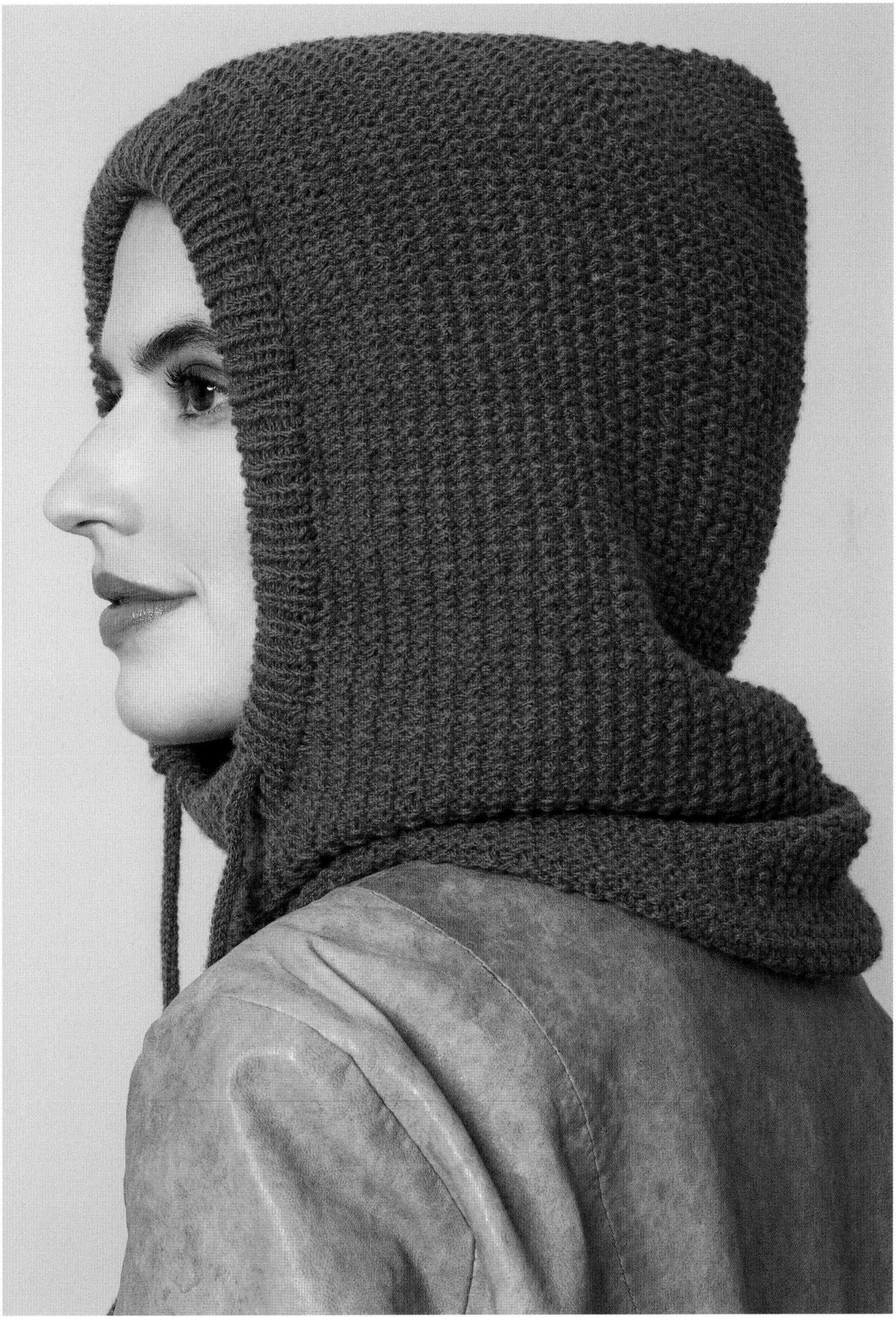

# LOOP

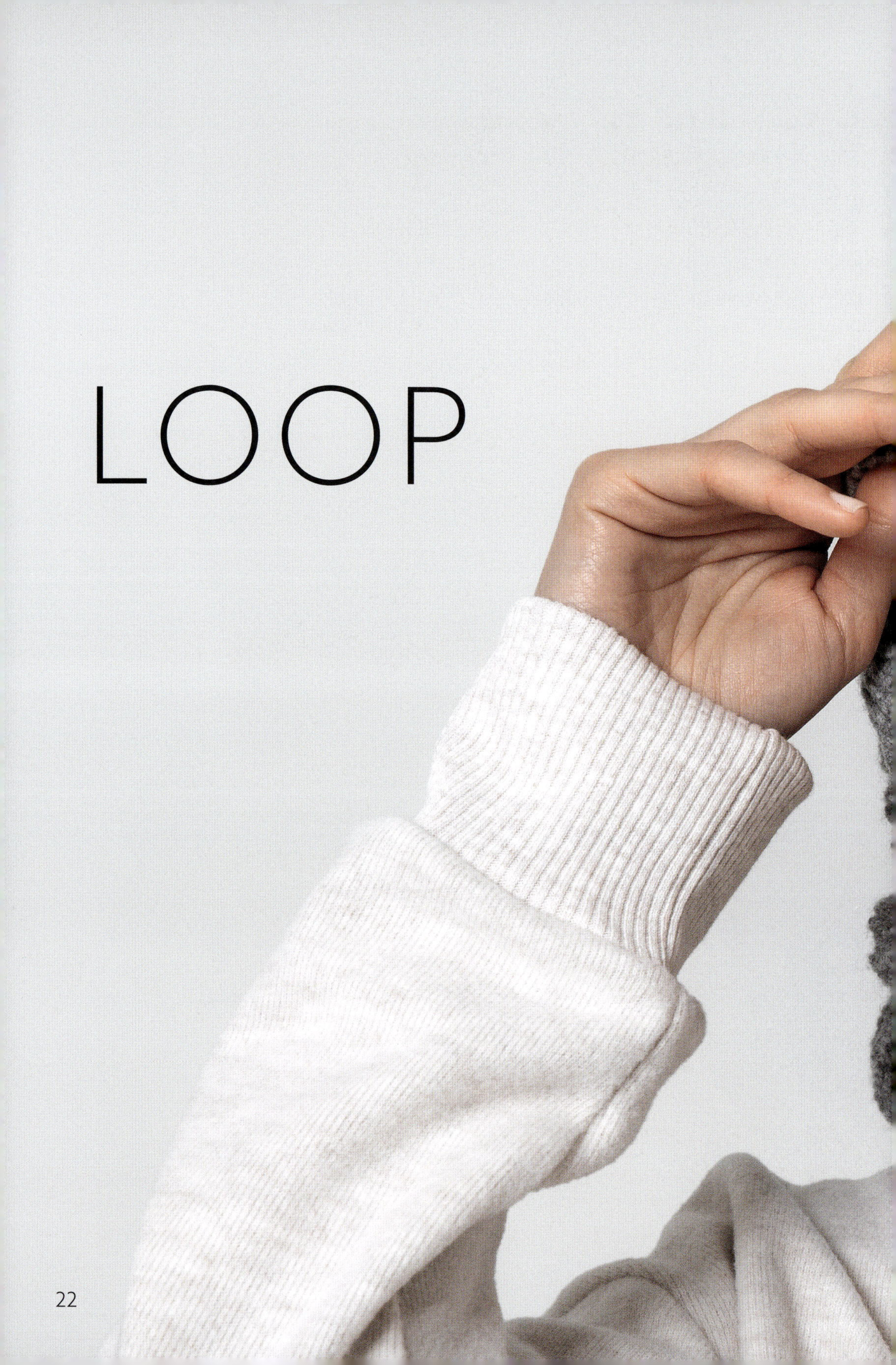

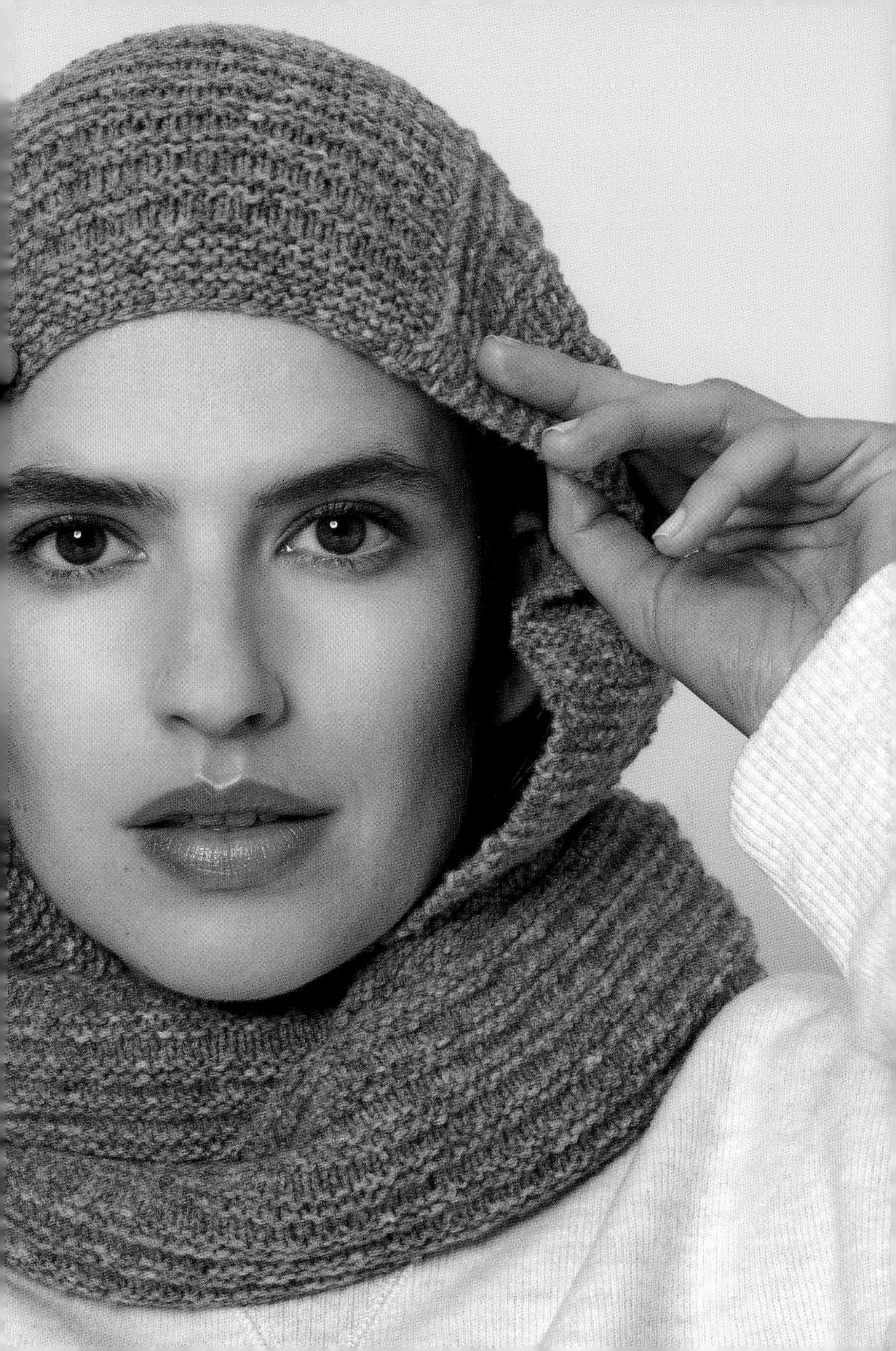

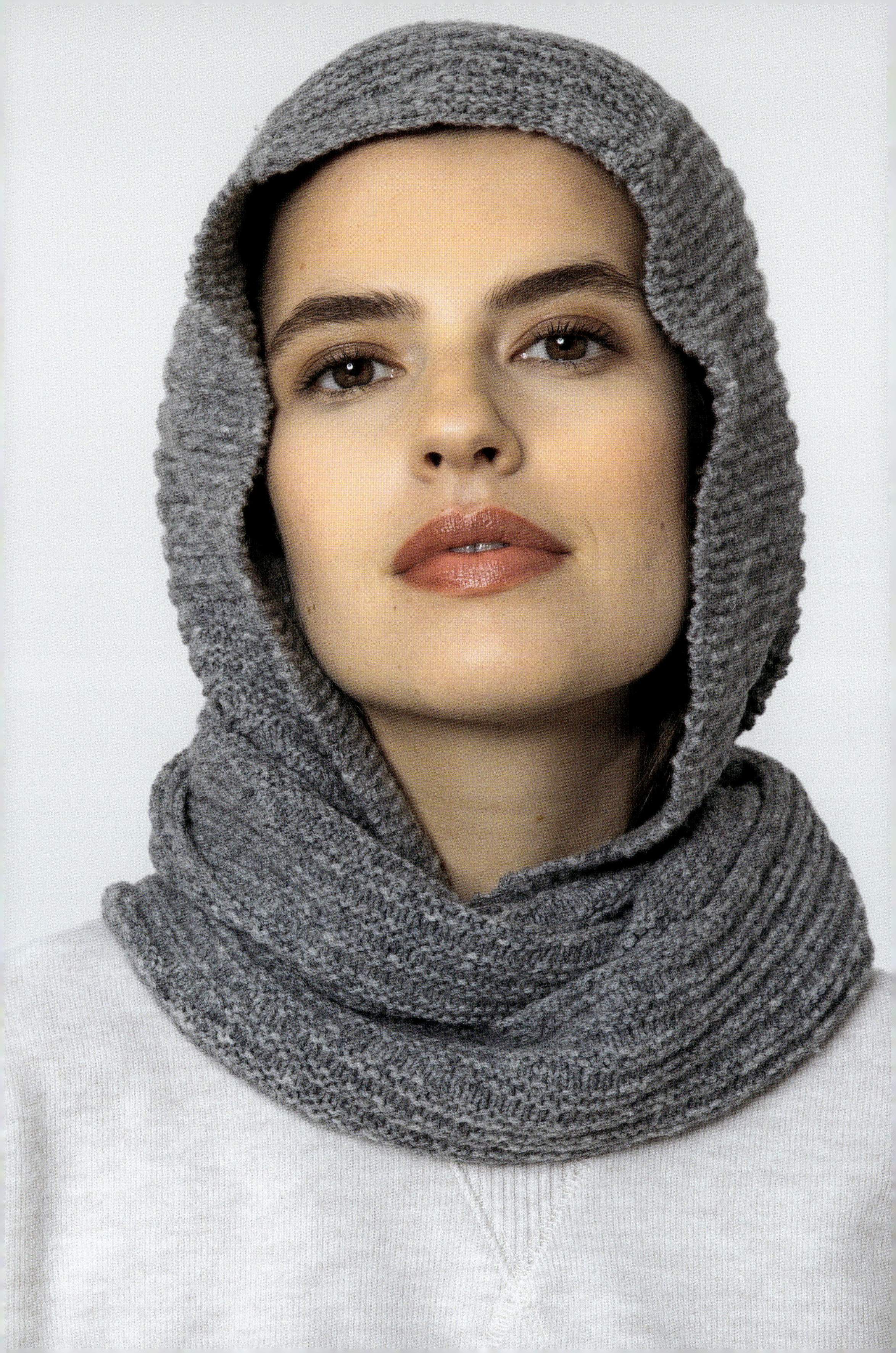

# LOOP

**SCHWIERIGKEITSGRAD** mittel

**KOPFUMFANG** 54–56cm

**MATERIAL** 150g Cashmere 16 Fine (80% Schurwolle (Merino), 10% Kaschmir, 10% Polyamid) in Hellgrau (Fb. 15) von Lana Grossa mit einer Lauflänge von 320m/50g; Rundstricknadel 5mm, 60cm lang und Nadelspiel 5mm.

---

## MASCHENPROBE

Mit Nadel 5mm nach Musterfolge in R gestrickt ergeben 25 M und 44 R 10cm x 10cm

**Kraus rechts in Reihen:**
Hin- und Rück-R rechts stricken.

**Kraus links in Reihen:**
Hin- und Rück-R links stricken.

**Kraus rechts in Runden:**
1 Rd links, 1 Rd rechts im Wechsel stricken.

**Glatt rechts in Runden:**
Jede Rd rechte M stricken.

**Glatt rechts in Reihen:**
In Hin-R rechte M und in Rück-R linke M stricken.

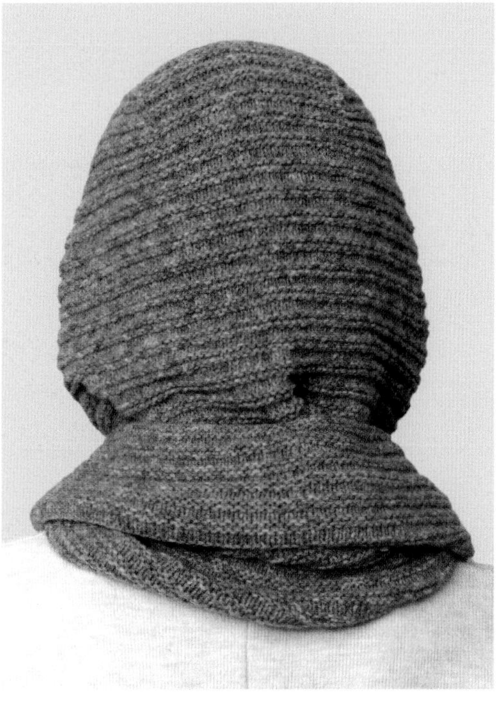

# LOOP

**Musterfolge Loop:**
* 4 Rd kraus rechts, 2 Rd glatt rechts, ab * fortlaufend wiederholen, enden mit 4 Rd kraus rechts.

**Musterfolge Mütze:**
* 2 R glatt rechts, 4 R kraus rechts, ab * fortlaufend wiederholen.

## SO WIRD'S GEMACHT

**Anleitung:** Loop und Mütze werden in einem Stück gestrickt. Man beginnt am Loop. 300 M mit Rundstricknadel 5mm anschlagen. Arbeit zur Rd schließen und Rundenbeginn markieren. Der Rundenübergang liegt in der vorderen Mitte. In Rd nach Musterfolge Loop stricken. In 20cm Gesamthöhe mit 4 Rd kraus rechts enden. Jetzt weiter nach Musterfolge Mütze und ab Rundenbeginn wie folgt stricken: 75 M rechts abketten, 6 M kraus links, 138 M Musterfolge Mütze, 6 M kraus links, 75 M rechts abketten. Es bleiben 150 M für die Mütze. Von nun an in offener Arbeit in R weiterstricken und für die Gesichtsrundung 1x 1 M beidseitig abnehmen, dafür am Anfang der R mit den ersten 8 M wie folgt arbeiten: 6 M kraus links, 2 M rechts zusammenstricken und am Ende der R mit den letzten 8 M wie folgt arbeiten: 2 M rechts verschränkt zusammenstricken, 6 M kraus links. Diese Abnahmen in jeder 2. R noch 10x wiederholen = 128 M. In 42 cm Gesamthöhe, beziehungsweise nach 2 R glatt rechts, die mittleren 28 M markieren. Für die Kopfrundung die 1. markierte M mit der M davor rechts zusammenstricken und die letzte markierte M mit der folgenden M rechts verschränkt zusammenstricken. Diese Abnahmen in jeder 2. R noch 6x wiederholen = 114 M. Nun die M auf 3 Nadeln des Nadelspiels verteilen: 1. Nadel: 43 M, 2. Nadel: 28 M, 3. Nadel: 43 M. In der folgenden R wie folgt arbeiten: die M der 1. Nadel stricken, * die M der 2. Nadel stricken, dabei die letzte M der 2. Nadel mit der 1. M der 3. Nadel rechts verschränkt zusammenstricken. Arbeit wenden. Die M der 2. Nadel stricken, dabei die letzte M der 2. Nadel mit der 1. M der 1. Nadel li zusammenstricken, Arbeit wenden, ab * noch so oft wiederholen, bis alle M der 1. und 3. Nadel aufgebraucht sind. Achtung: für einen schönen Abschluss die letzten 10 R kraus rechts stricken. Die restlichen 28 M abketten.

**Zu guter Letzt:** Mütze spannen, anfeuchten und trocknen lassen.

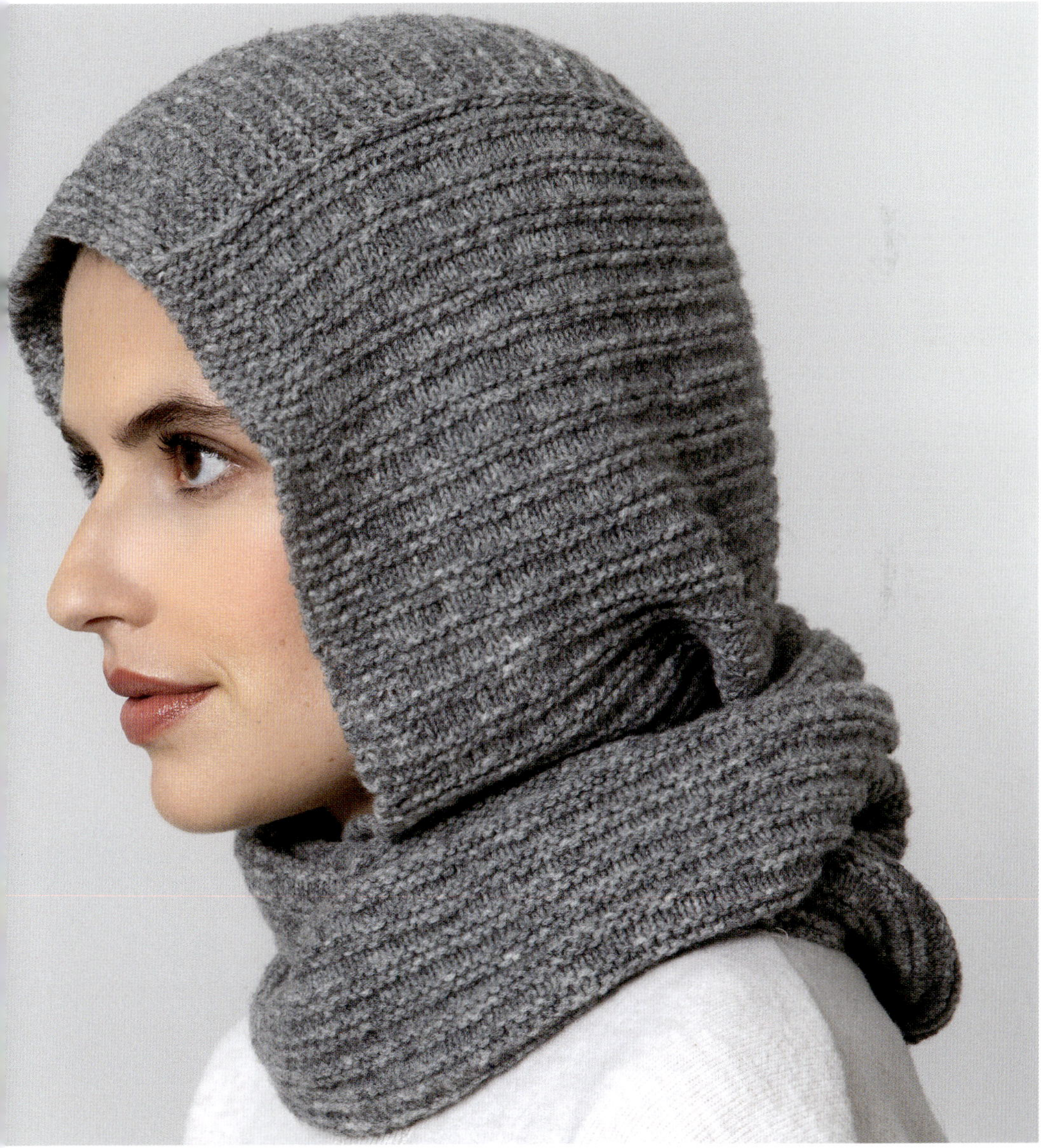

# STRIPES

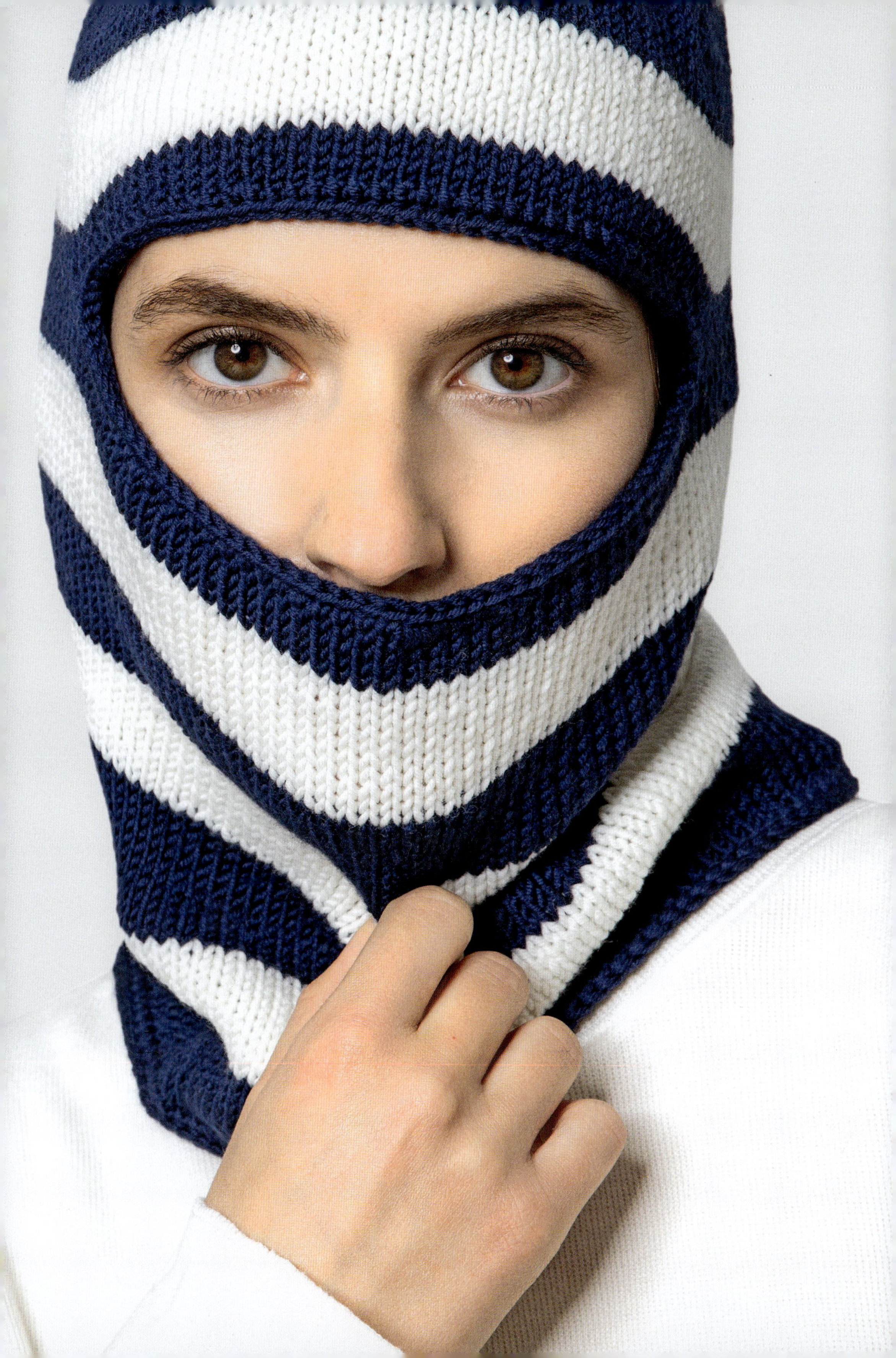

# STRIPES

**SCHWIERIGKEITSGRAD** einfach

**KOPFUMFANG** 54–56cm

**MATERIAL** 100g Cool Wool Big (100% Schurwolle Merino Extrafein) in Nachtblau (Fb. 630) und 50g in Rohweiß (Fb. 601) von Lana Grossa mit einer Lauflänge von 120m / 50g;
Nadelspiel 4mm, Häkelnadel 4mm

---

## MASCHENPROBE

Mit Nadel 4mm glatt rechts gestrickt ergeben 20 M und 30 R 10cm x 10cm

**Glatt rechts in Runden:**
Jede Rd rechte M stricken.

**Streifenfolge:**
*** 10 Rd Nachtblau, 10 Rd Rohweiß, ab *** fortlaufend wiederholen.

## SO WIRD'S GEMACHT

**Anleitung:** 108 M mit Nadeln 4mm in Nachtblau anschlagen. M gleichmäßig auf das Nadelspiel verteilen = 27 M pro Nadel. Arbeit zur Rd schließen und Rundenanfang markieren. Glatt rechts in Runden und nach Streifenfolge stricken. In der 65. Rd für den Gesichtsausschnitt die mittleren 42 M abketten und in der folgenden Rd gleich wieder 42 M in Nachtblau anschlagen. Weiter in Runden nach Streifenfolge stricken. Nach 25 Runden ab Gesichtsausschnitt für die Kopfform wie folgt M abnehmen:
**1. Rd:** jede 8. und 9. M rechts zusammenstricken = 96 M.

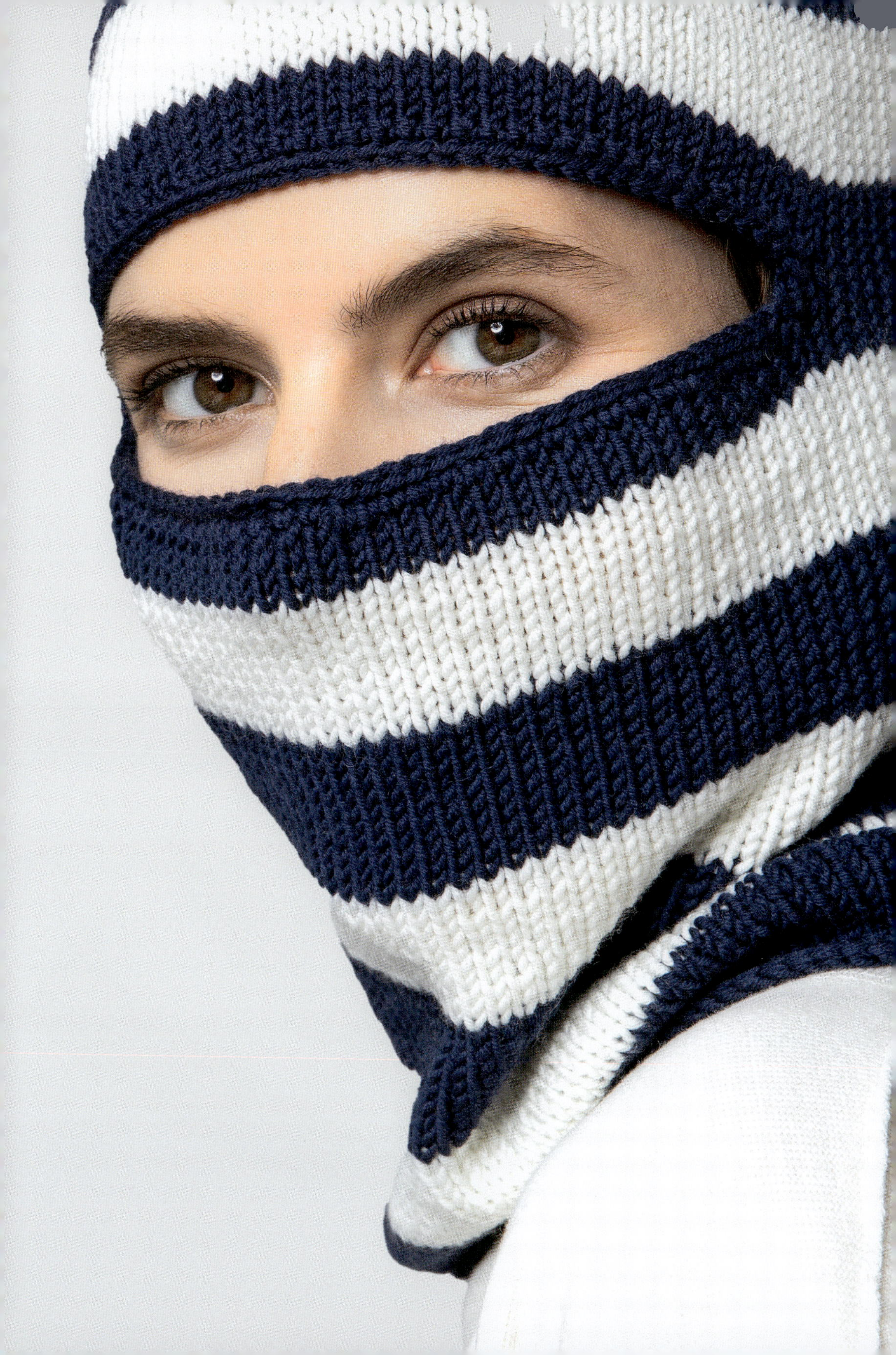

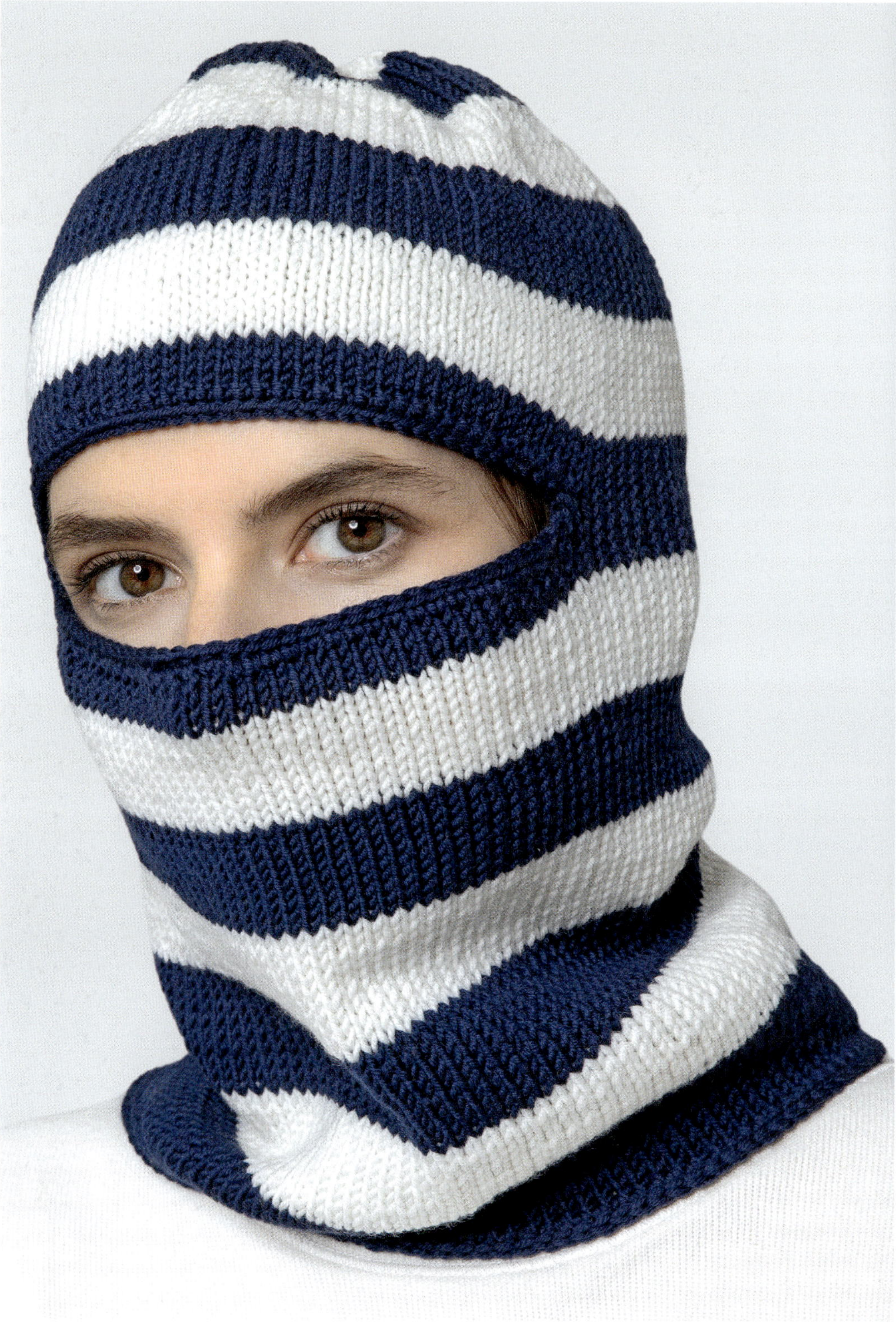

**7. Rd:** jede 7. und 8. M rechts zusammenstricken = 84 M.
**12. Rd:** jede 6. und 7. M rechts zusammenstricken = 72 M.
**17. Rd:** jede 5. und 6. M rechts zusammenstricken = 60 M.
**20. Rd:** jede 4. und 5. M rechts zusammenstricken = 48 M.
**22. Rd:** jede 3. und 4. M rechts zusammenstricken = 36 M.
**24. Rd:** jede 2. und 3. M rechts zusammenstricken = 24 M.
**25. Rd:** immer 2 M rechts zusammenstricken = 12 M.

Arbeitsfaden durch die restlichen 12 M ziehen. Faden fest anziehen und gut vernähen.

**Zu guter Letzt:** Mütze anfeuchten und trocknen lassen. Den Gesichtsausschnitt und den unteren Rand der Mütze von der Außenseite her in Nachtblau mit Häkelnadel 4mm mit 1 Rd feste M umhäkeln. Die Rd endet mit 1 Kett-M in die 1. M. Nun Arbeit wenden und auf der Innenseite der Arbeit 1 Rd Kett-M häkeln. Zum Schluss die Rd mit 1 Kett-M in die 1. M schließen.

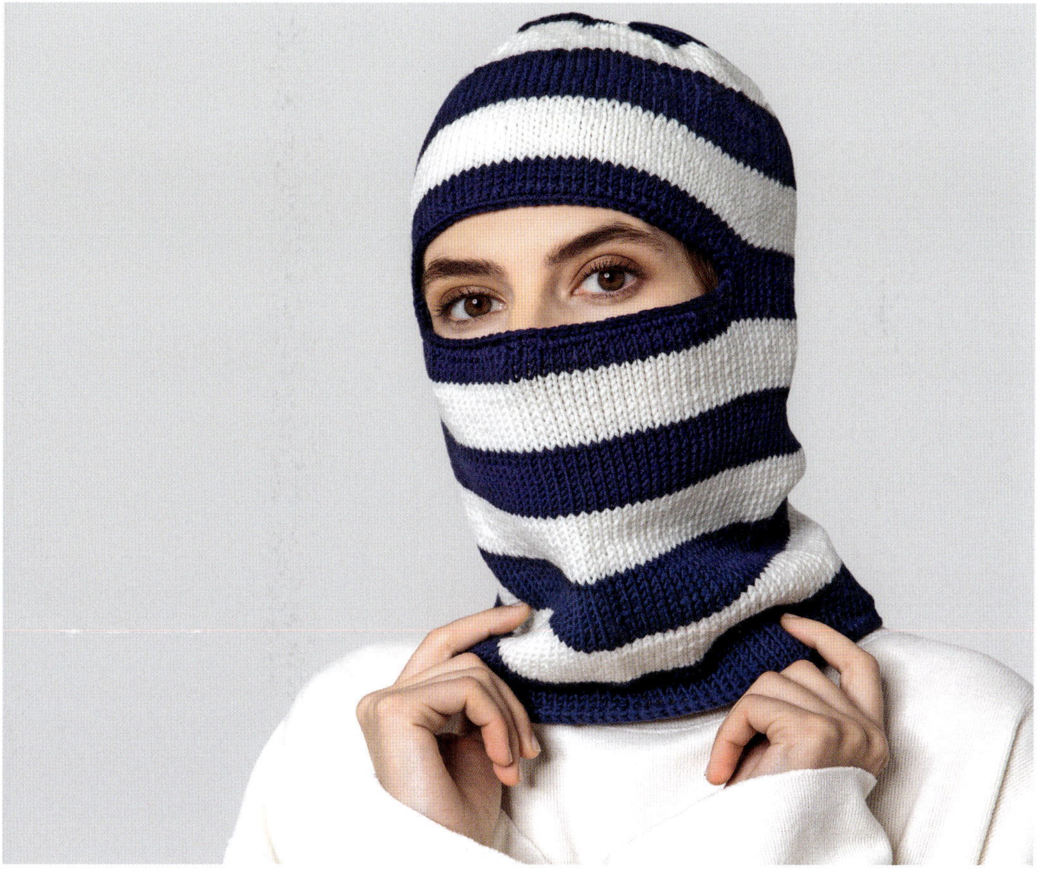

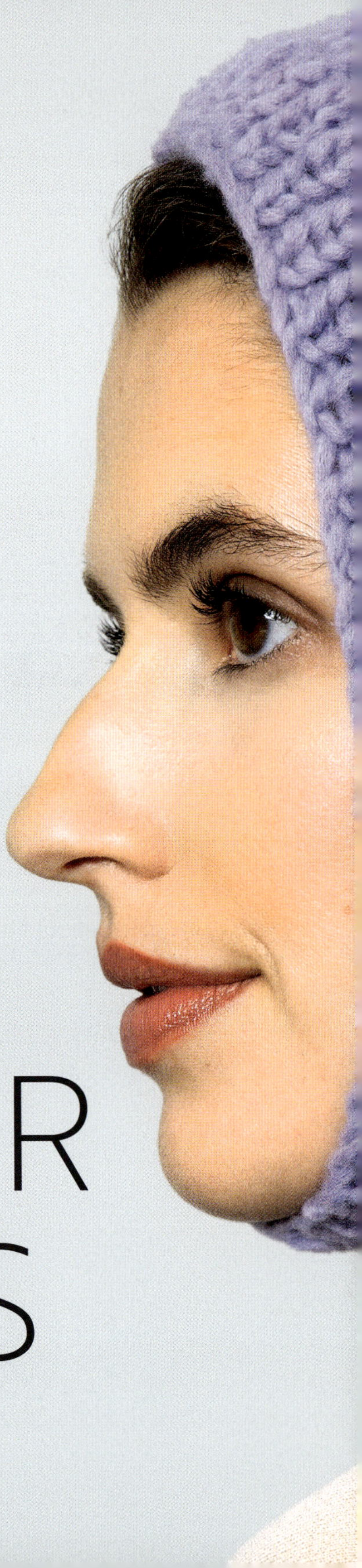

# COLOUR BLOCKS

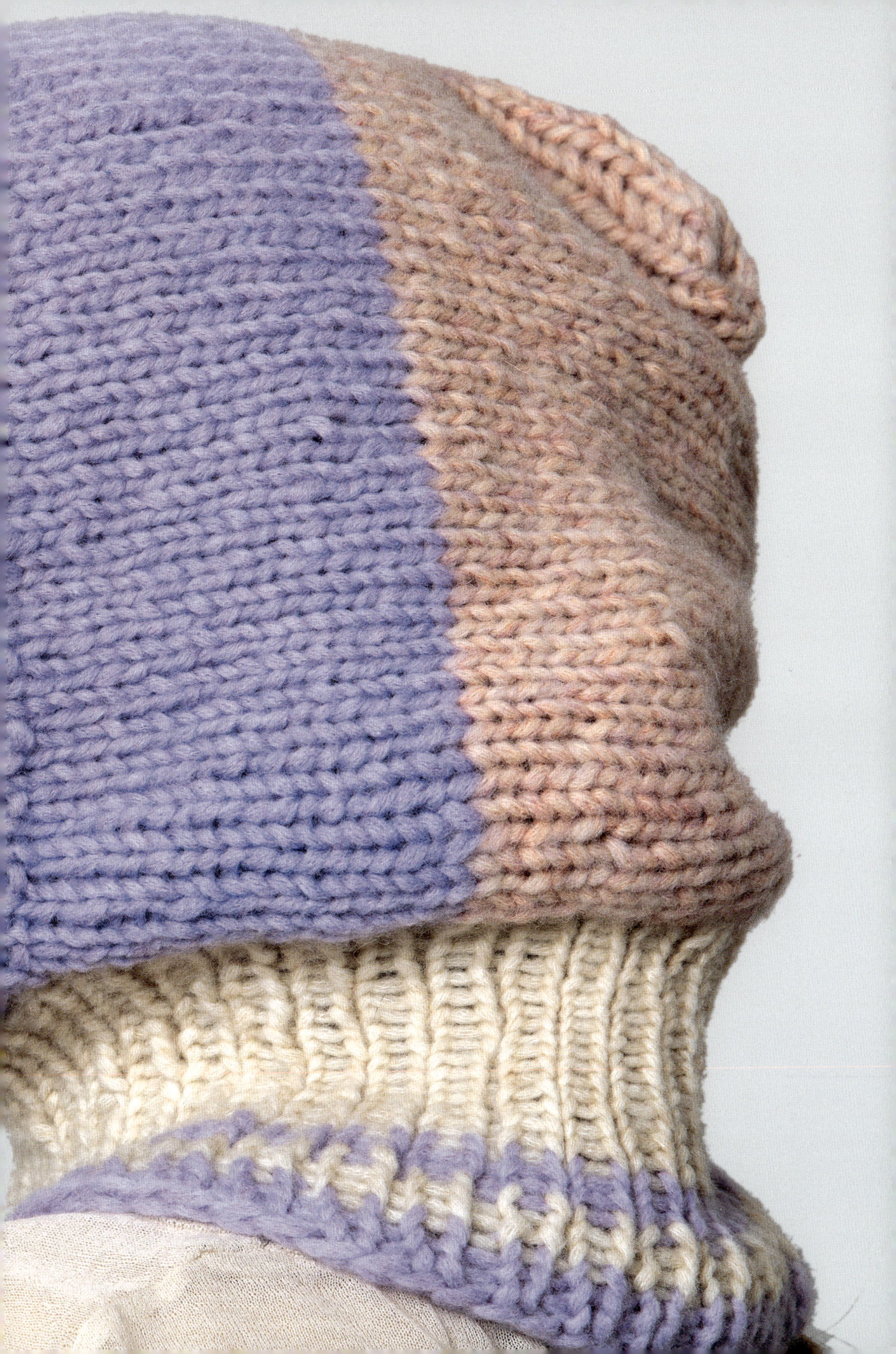

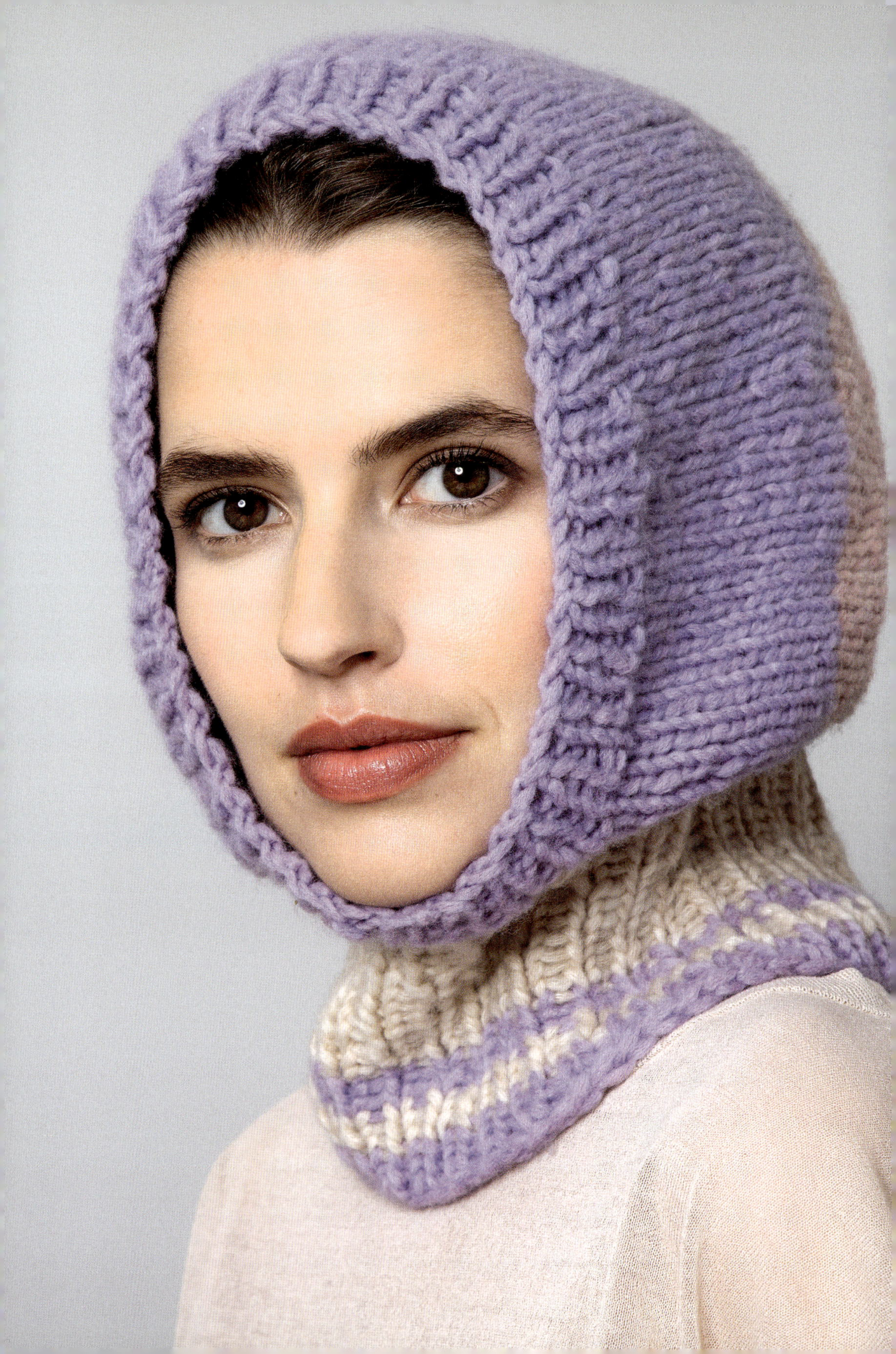

# COLOUR BLOCKS

**SCHWIERIGKEITSGRAD** einfach

**KOPFUMFANG** 54–56cm

**MATERIAL** 50g Lala Berlin Lovely Cotton (75% Schurwolle Merino extrafein, 25% Baumwolle) in Flieder (Fb. 29), 50g in Rosa (Fb. 6) und 50g in Natur (Fb. 7) von Lana Grossa mit einer Lauflänge von 90m / 50g;
Rundstricknadel 7mm und 8mm, 40cm lang;
Wollsticknadel

---

## MASCHENPROBE

Mit Nadel 8mm glatt rechts gestrickt ergeben 11 M und 16,5 R 10cm x 10cm

**Rippenmuster 1-1-Rippe:**
1 M rechts, 1 M links im Wechsel.

**Glatt rechts:**
In Hin-R rechte M und in Rück-R linke M stricken.

**Naht-Randmasche:**
In Hin-R rechts, in Rück-R links stricken.

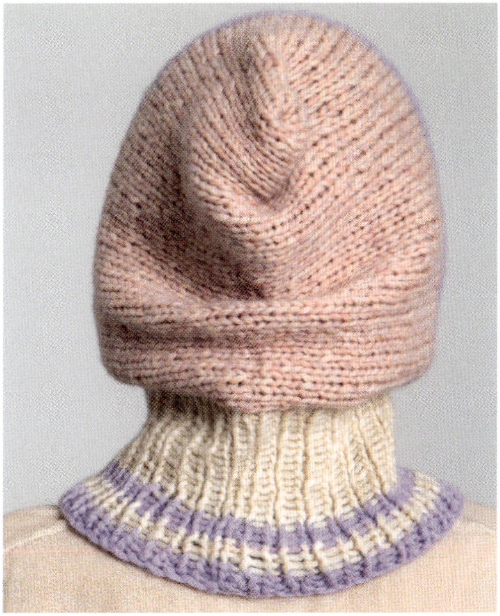

## SO WIRD'S GEMACHT

**Anleitung:** Man beginnt am Gesichtsausschnitt. 78 M mit Rundstricknadel 7mm in Flieder anschlagen. Arbeit zur Rd schließen und Rd-Beginn markieren. Der Rd-Beginn liegt in der vorderen Mitte der Mütze. Im Rippenmuster in Rd stricken. Nach 5 Rd beidseitig des Rd-Beginns je 6 M stilllegen. Mit den restlichen 66 M mit Rundstricknadel 8mm glatt rechts mit Naht-Randmaschen in Hin- und Rück-R weiterstricken. Nach 18 R glatt rechts in Rosa weiterstricken. Nach 14 cm Rosa die M jeweils zur Hälfte auf 2 Nadeln verteilen = 33 M je Hälfte. Im Maschenstich beide Hälften miteinander verbinden.

**Zu guter Letzt:** Mütze anfeuchten und trocknen lassen. Für das Halsbündchen mit Nadel 7mm aus dem unteren Rand der Mütze in Natur M wie folgt auffassen, der Rd-Beginn liegt in der rückwärtigen Mitte: aus dem Seitenrand 31 M auffassen, die 12 stillgelegten M rechts stricken, aus dem Seitenrand 31 M auffassen = 74 M. Arbeit zur Rd schließen. Im Rippenmuster in Rd stricken, dabei

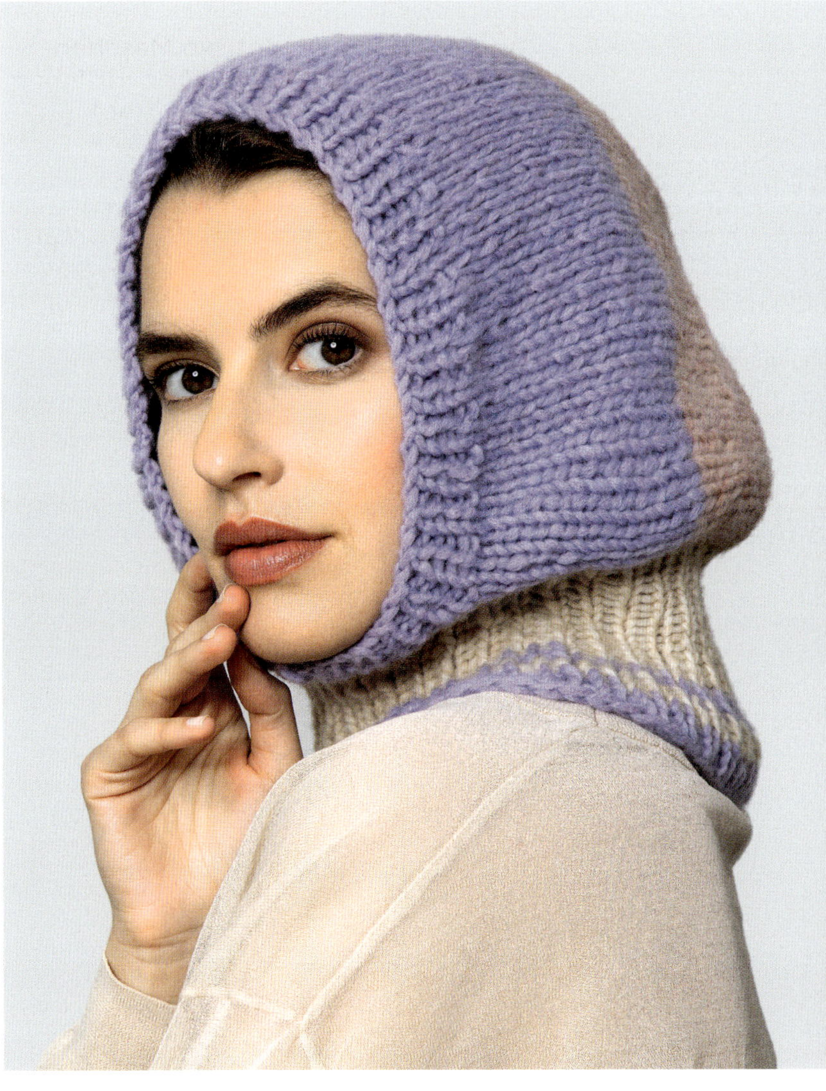

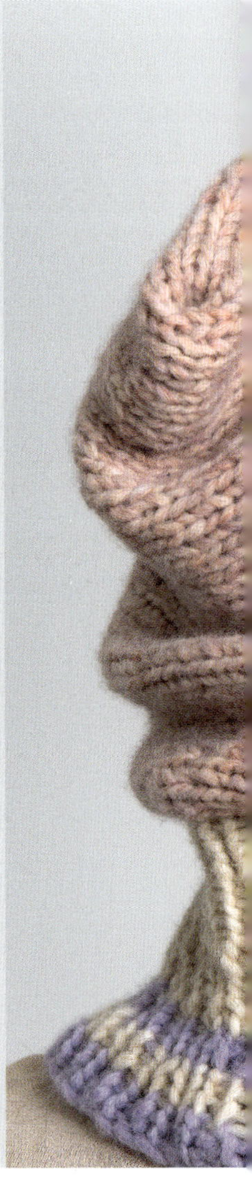

in der 1. Rd innerhalb der aufgefassten je 31 M verteilt je 5 M abnehmen, = 64 M, und die M so einteilen, dass das Rippenmuster des fliederfarbenen Bündchens weitergeführt wird. Nach 16 Rd Natur, 3 Rd Flieder, 3 Rd Natur, 2 Rd Flieder, dann alle M abketten, wie sie erscheinen.

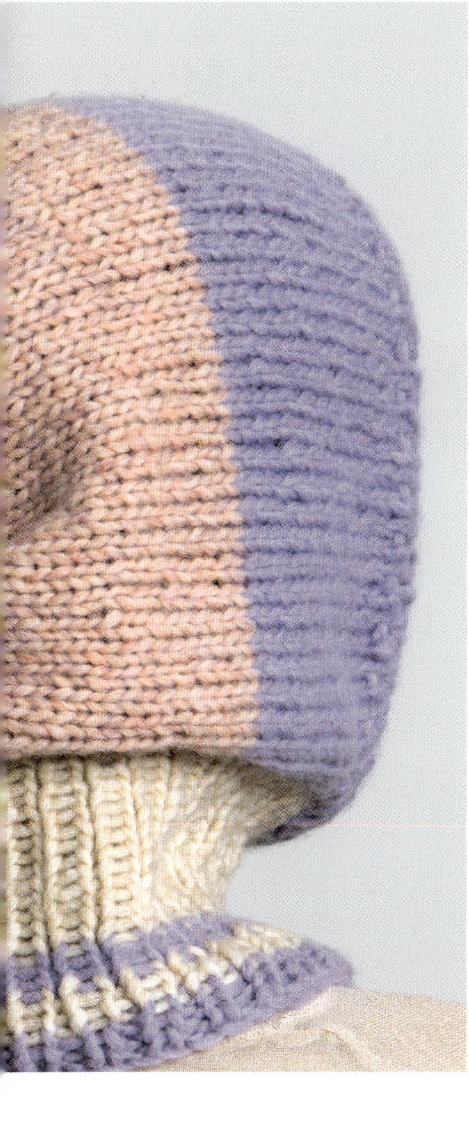

## TIPP

**Naht im Maschenstich**
Diese Naht wird vorwiegend da angewendet, wo Maschenköpfchen auf Maschenköpfchen trifft, z. B. an der Schulternaht. Auch beim Einnähen der Ärmel kommt der Maschenstich zum Einsatz. Beide Teile aneinanderlegen, man näht horizontal von rechts nach links. Das 1. Teil liegt unten, das 2. Teil parallel dazu oben. *** 1. Teil: Mit der Wollsticknadel durch das Maschenköpfchen von unten nach oben ausstechen. 2. Teil: Durch das entsprechende Maschenköpfchen von oben nach unten einstechen und durch das links davon liegende Maschenköpfchen von unten nach oben wieder ausstechen. 1. Teil: Durch dasselbe Maschenköpfchen wie vorher, nun jedoch von oben nach unten einstechen. Diesen Vorgang ab *** fortlaufend wiederholen, dabei nun durch das nächste Maschenköpfchen ausstechen. Erst nach 3–4cm den Faden anziehen und die Naht auf die gewünschte Weite bringen. Der Maschenstich eignet sich sowohl für Teile, an denen die Maschen abgekettet wurden, als auch für Teile mit stillgelegten Maschen.

# FEEL GOOD

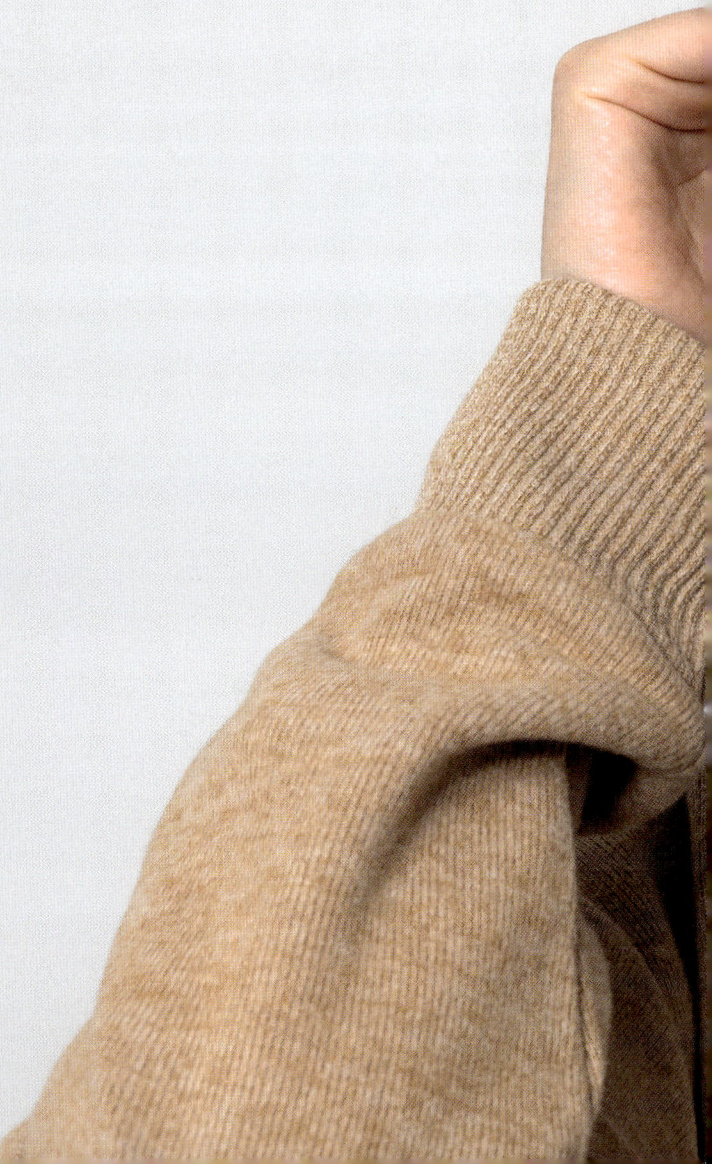

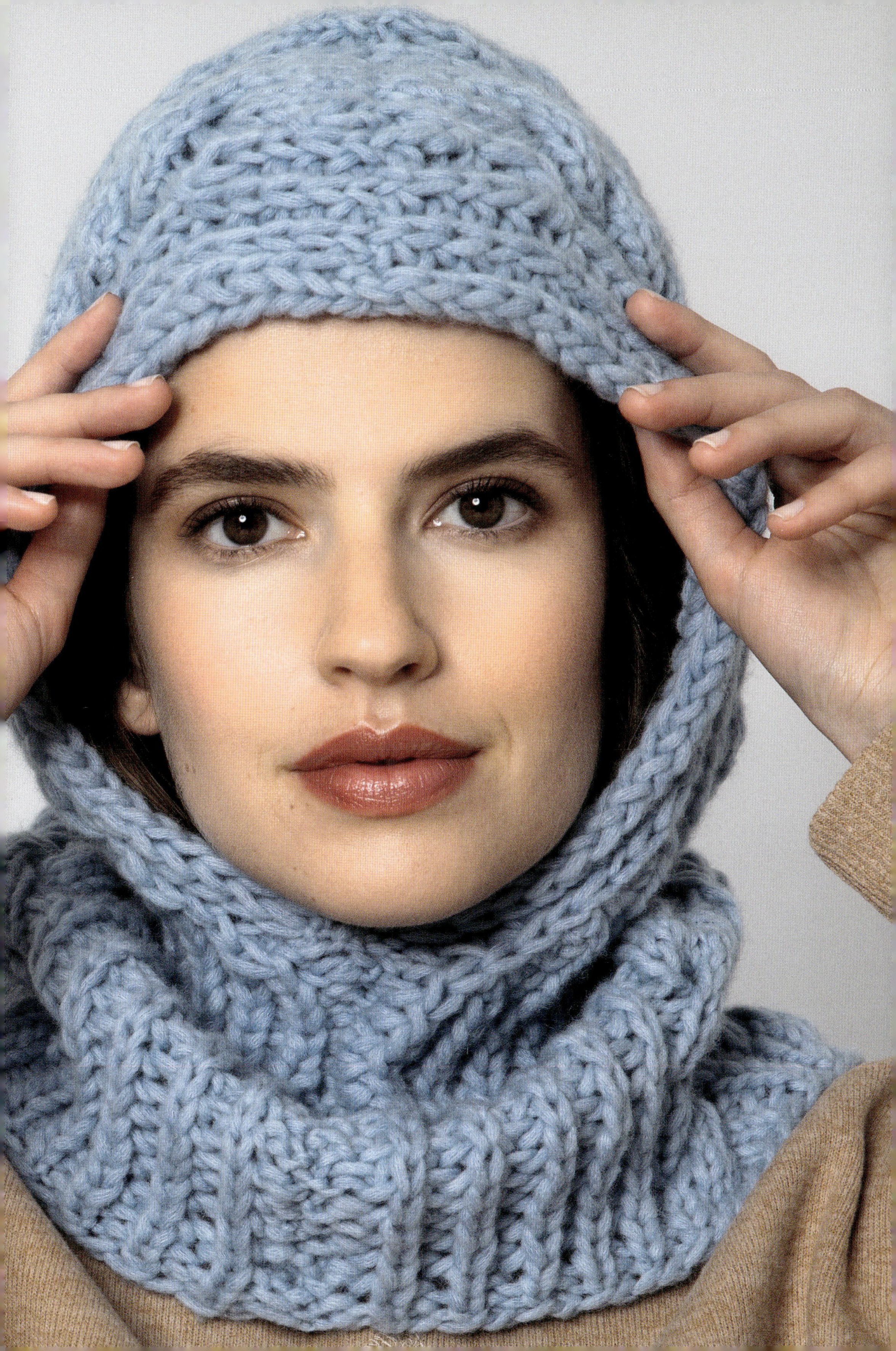

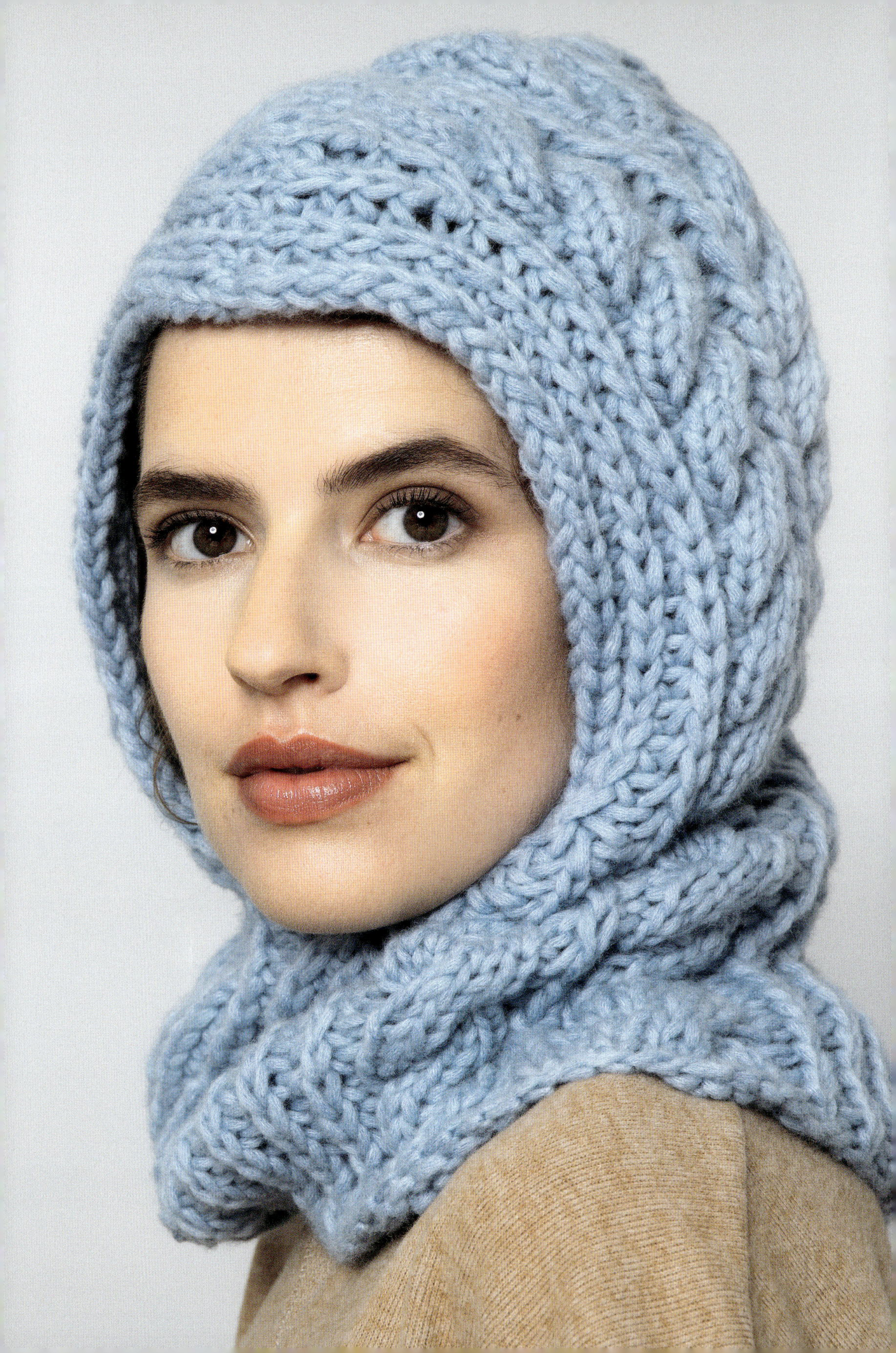

# FEEL GOOD

**SCHWIERIGKEITSGRAD** mittel

**KOPFUMFANG** 54–56cm

**MATERIAL** 150g Lala Berlin Lovely Cotton (75% Schurwolle Merino extrafein, 25% Baumwolle) in Hellblau (Fb. 21) von Lana Grossa mit einer Lauflänge von 90m/50g; Stricknadeln 8mm, Hilfsnadel 8mm, 1 Zopfnadel, 4 Maschenmarkierer; Wollsticknadel

---

## MASCHENPROBE

Mit Nadel 8mm im Halbpatent gestrickt ergeben 11 M und 19 R 10cm x 10cm
6 M Zopf mit Nadel 8mm gestrickt ergeben 4cm

**Halbpatent:**
Maschenzahl teilbar durch 2 + 1 + Knötchen-Randmasche. »Schlanke« Rippe = Vorderseite.
**1. R (= Hin-R):** Knötchen-Randmasche, *** 1 M links, 1 M rechts, ab *** fortlaufend wiederholen, 1 M links, Knötchen-Randmasche.
**2. R (= Rück-R):** Knötchen-Randmasche, *** 1 M rechts, die folgende M mit 1 Umschlag wie zum Links-Stricken abheben, ab *** fortlaufend wiederholen, 1 M rechts, Knötchen-Randmasche.
**3. R (= Hin-R):** Knötchen-Randmasche, *** 1 M links, den Umschlag und die abgehobene M der Vor-R rechts zusammenstricken, ab *** fortlaufend wiederholen, 1 M links, Knötchen-Randmasche. Die 2. und 3. R fortlaufend wiederholen.

**Zopf nach links gedreht (= 6 M):**
**1. und 3. R:** 6 M rechts. **2., 4., 6. und 8. R:** 6 M links. **5. R:** 3 M auf 1 Zopfnadel vor die Arbeit legen, 3 M rechts stricken, dann die M der Zopfnadel rechts stricken. **7. R:** 6 M rechts. Die 1.–8. R fortlaufend wiederholen.

**Zopf nach rechts gedreht (= 6 M):**
**1. und 3. R:** 6 M rechts. **2., 4., 6. und 8. R:** 6 M links. **5. R:** 3 M auf 1 Zopfnadel hinter die Arbeit legen, 3 M rechts stricken, dann die M der Zopfnadel rechts stricken. **7. R:** 6 M rechts. Die 1. – 8. R fortlaufend wiederholen.

**Knötchen-Randmasche:**
In Hin- und Rück-R rechte M stricken.

**Doppelte Randmasche:**
Hin-R: Am Anfang der R die 1. M wie zum Linksstricken abheben, dabei den Faden hinter der Arbeit führen und fest anziehen, 1 M rechts stri-

# FEEL GOOD

cken. Am Ende der R die vorletzte M rechts stricken, die letzte M wie zum Linksstricken abheben, dabei den Faden hinter der Arbeit führen. Rück-R: Am Anfang der R die 1. M links stricken, die folgende M wie zum Linksstricken abheben, dabei den Faden vor der Arbeit führen und fest anziehen. Am Ende der R die vorletzte M wie zum Linksstricken abheben, dabei den Faden vor der Arbeit führen, die letzte M links stricken.

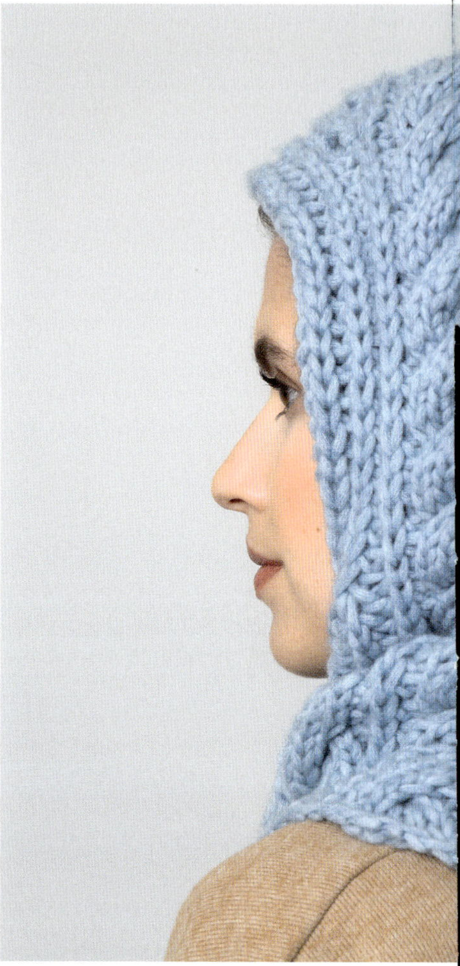

## SO WIRD'S GEMACHT

**Anleitung:** Man arbeitet in R und beginnt am unteren Rand der Mütze. 83 M mit Stricknadeln 8mm anschlagen. In der 1. R, = Rück-R, M wie folgt einteilen: Knötchen-Randmasche, ** 1 M rechts, 1 M links, ab ** noch 4x wiederholen, 1 M rechts, 6 M links, 1 M rechts, 1 M links, 1 M rechts, 6 M links, °°° 1 M rechts, 1 M links, ab °°° noch 13x wiederholen, 1 M rechts, 6 M links, 1 M rechts, 1 M links, 1 M rechts, 6 M links, **** 1 M rechts, 1 M links, ab **** noch 4x wiederholen, 1 M links, Knötchen-Randmasche. In der folgenden Hin-R wie folgt arbeiten und Maschenmarkierer setzen: Knötchen-Randmasche, 11 M Halbpatent, 6 M Zopf nach links gedreht, 3 M Halbpatent, 6 M Zopf nach links gedreht, 29 M Halbpatent, dabei die mittleren 7 M markieren, 6 M Zopf nach rechts gedreht, 3 M Halbpatent, 6 M Zopf nach rechts gedreht, 11 M Halbpatent, Knötchen-Randmasche. In der 12. R (= Hin-R) beidseitig der markierten 7 M je 2 M wie folgt abnehmen: die 2 M vor der 1. markierten M und die 1. markierte M rechts zusammenstricken (= 1 rechte M, 1 linke M, 1 rechte M), 5 M Halbpatent, 1 doppelter Überzug (= die 2. markierte M rechts abheben, 2 M rechts zusammenstricken, dann die abgehobene M überziehen). Es wurden 4 M abgenommen. Diese Abnahmen in jeder 8. R noch 2x wiederholen. Es wurden beidseitig der mittleren 7 M je 6 M abgenommen = 71 M. In 18cm Gesamthöhe für den Gesichtsausschnitt aus der Knötchen-Randma-

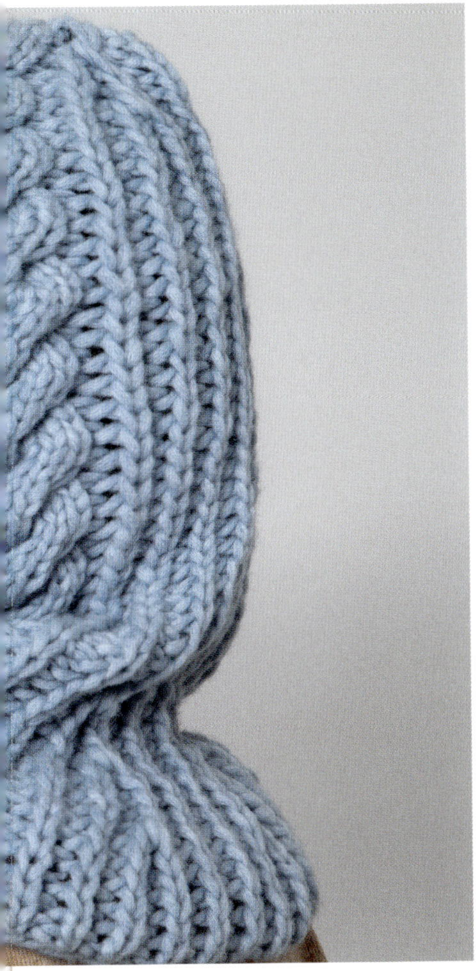

sche 1 M rechts und 1 M rechts verschränkt herausstricken und diese beiden M am Rand bis zum Ende der Mütze als doppelte Randmasche stricken = 73 M. In der folgenden Hin-R beidseitig 2 M wie folgt abnehmen: doppelte Randmasche, 1 M links, 1 doppelter Überzug (= 1 M rechts abheben, 2 M rechts zusammenstricken, dann die abgehobene M überziehen), die folgenden M wie gewohnt stricken, mit den letzten 6 M der Hin-R wie folgt 2 M abnehmen: 3 M rechts zusammenstricken, 1 M links, doppelte Randmasche. Es wurden 4 M abgenommen. Diese Abnahmen in jeder 6. R noch 2x wiederholen. Es wurden beidseitig je 6 M abgenommen = 61 M. In 48 cm Gesamthöhe für die Kopfrundung wie folgt arbeiten: doppelte Randmasche, 3 M Halbpatent, aus der folgenden rechten M 3 M herausstricken (= 1 M rechts, 1 M links, 1 M rechts), bis 2 M vor den mittleren 7 markierten M stricken, 3 M rechts zusammenstricken, 5 M Halbpatent, 1 doppelter Überzug (= die 2. markierte M rechts abheben, 2 M rechts zusammenstricken, dann die abgehobene M überziehen), bis 6 M vor Reihen-Ende stricken, aus der folgenden rechten M 3 M herausstricken (= 1 M rechts, 1 M links, 1 M rechts), 3 M Halbpatent, doppelte Randmasche. Die zugenommenen M in das Halbpatentmuster einfügen. Diese Ab- und Zunahmen in der folgenden 6. R noch 1x wiederholen. Die M-Zahl bleibt unverändert 61 M. In 52cm Gesamthöhe in der Hin-R innerhalb der Zöpfe 2x 2 M rechts zusammenstricken und die Mittel-M mit der folgenden M rechts zusammenstricken = 52 M. In der folgenden Rück-R die M je zur Hälfte auf 2 Nadeln verteilen = je 26 M. Beide Nadeln parallel in der linken Hand halten. Im Maschenstich beide Hälften miteinander verbinden.

**Zu guter Letzt:** Mütze anfeuchten und trocknen lassen. Vordere Naht schließen.

## TIPP

**Naht im Maschenstich**
Siehe Seite 39

# RIBS

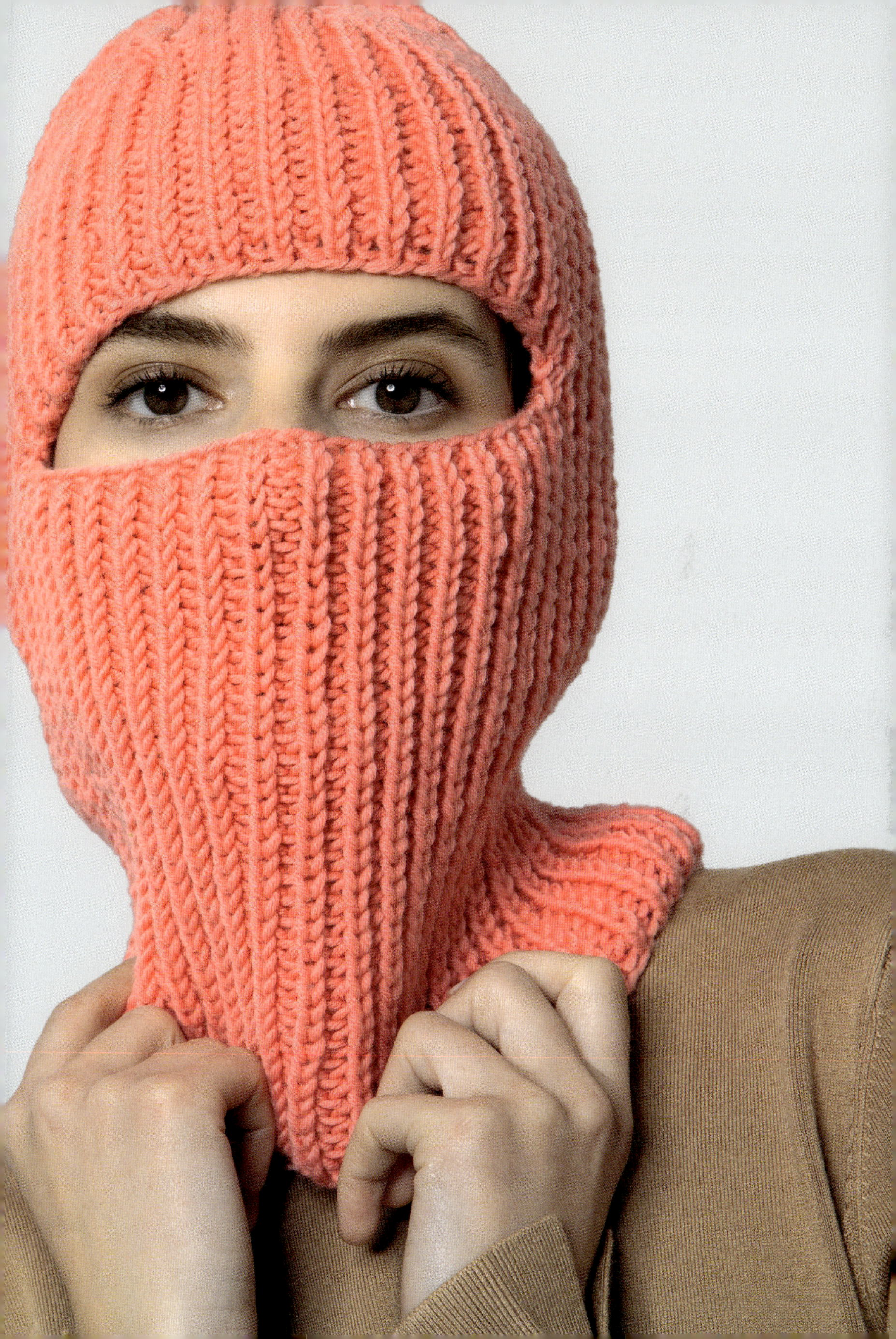

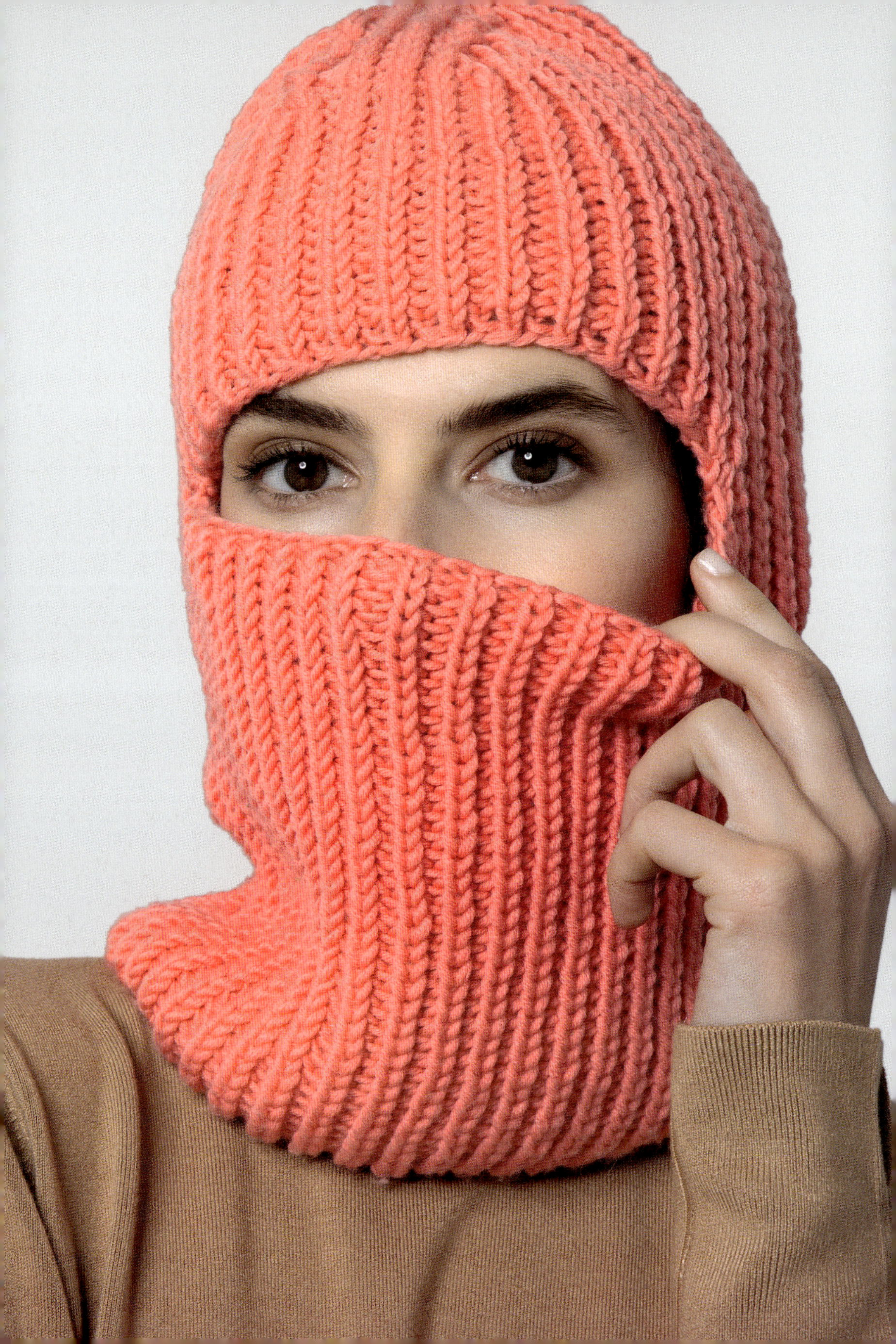

# RIBS

**SCHWIERIGKEITSGRAD** mittel

**KOPFUMFANG** 54–56cm

**MATERIAL** 200g Bingo (100% Schurwolle Merino) in Bonbonrosa (Fb. 751) von Lana Grossa mit einer Lauflänge von 80m / 50g;
Nadelspiel 5mm

---

## MASCHENPROBE

Mit Nadel 5mm im Halbpatent gestrickt ergeben 17 M und 30 R/Rd 10cm x 10cm

**Halbpatent in Rd:**
Maschenzahl teilbar durch 2 M. Die »schlanke« Rippe befindet sich auf der Vorderseite. **1. Rd:** 1 M links, 1 M rechts im Wechsel. **2. Rd:** *** 1 M links, die rechte M mit 1 Umschlag wie zum Links-Stricken abheben, ab *** fortlaufend wiederholen. **3. Rd:** *** 1 M links, den Umschlag und die abgehobene M der Vor-Rd rechts zusammenstricken, ab *** fortlaufend wiederholen. Die 2. und 3. Rd fortlaufend wiederholen.

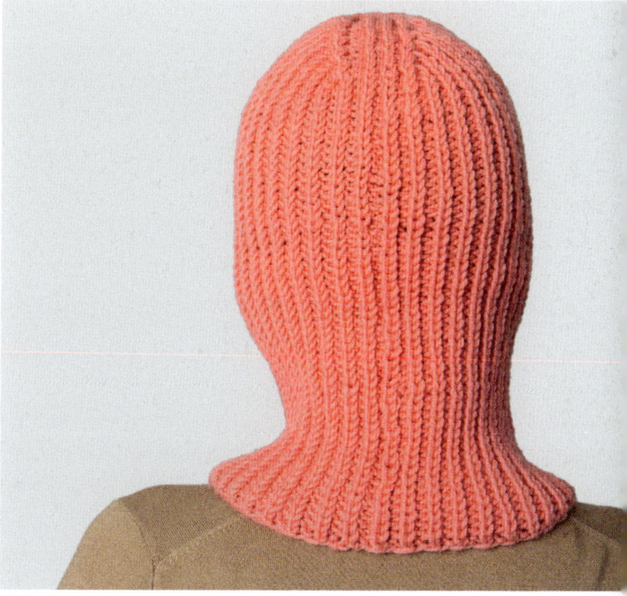

# RIBS

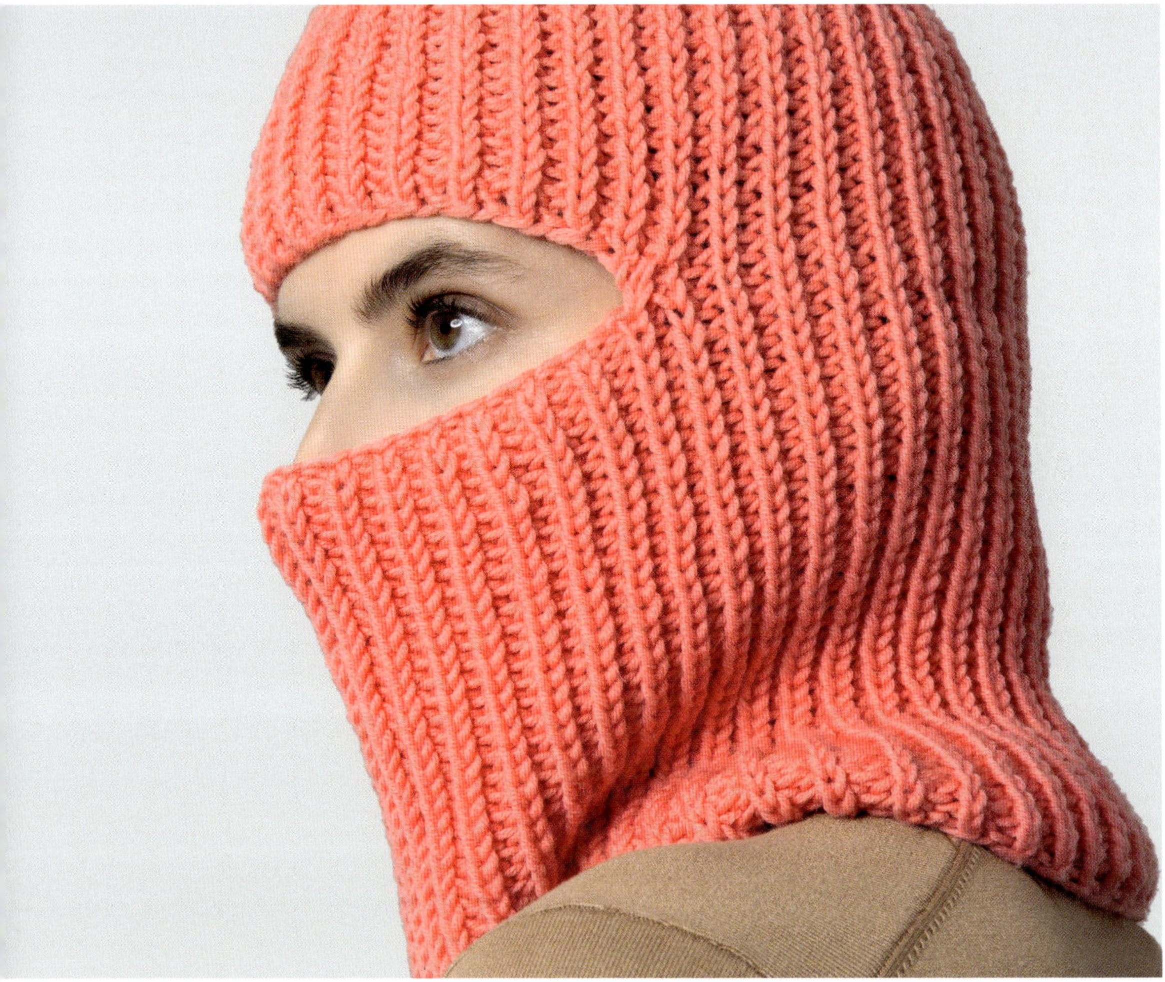

## SO WIRD'S GEMACHT

**Anleitung:** Zuerst für den Gesichtsausschnitt mit Nadel 5mm 33 M anschlagen. M stilllegen. Nun für die Mütze am unteren Rand beginnen und 88 M mit Nadel 5mm anschlagen. M gleichmäßig auf das Nadelspiel verteilen = 22 M pro Nadel. Arbeit zur Rd schließen, Rundenanfang und Rundenmitte markieren. Der Rundenbeginn liegt in der rückwärtigen Mitte. Im Halbpatent in Runden stricken. In 20cm Gesamthöhe, beziehungsweise in einer 3. Rd Halbpatentmuster, für den Gesichtsausschnitt ab Rundenbeginn 27 M stricken, 33 M abketten und dafür die zuvor stillgelegten 33 M in die Arbeit einfügen und gleich im Halbpatent stricken, dann die restlichen 28 M stricken. Über alle M weiter im Halbpatent in Runden stricken. In 29 cm Gesamthöhe

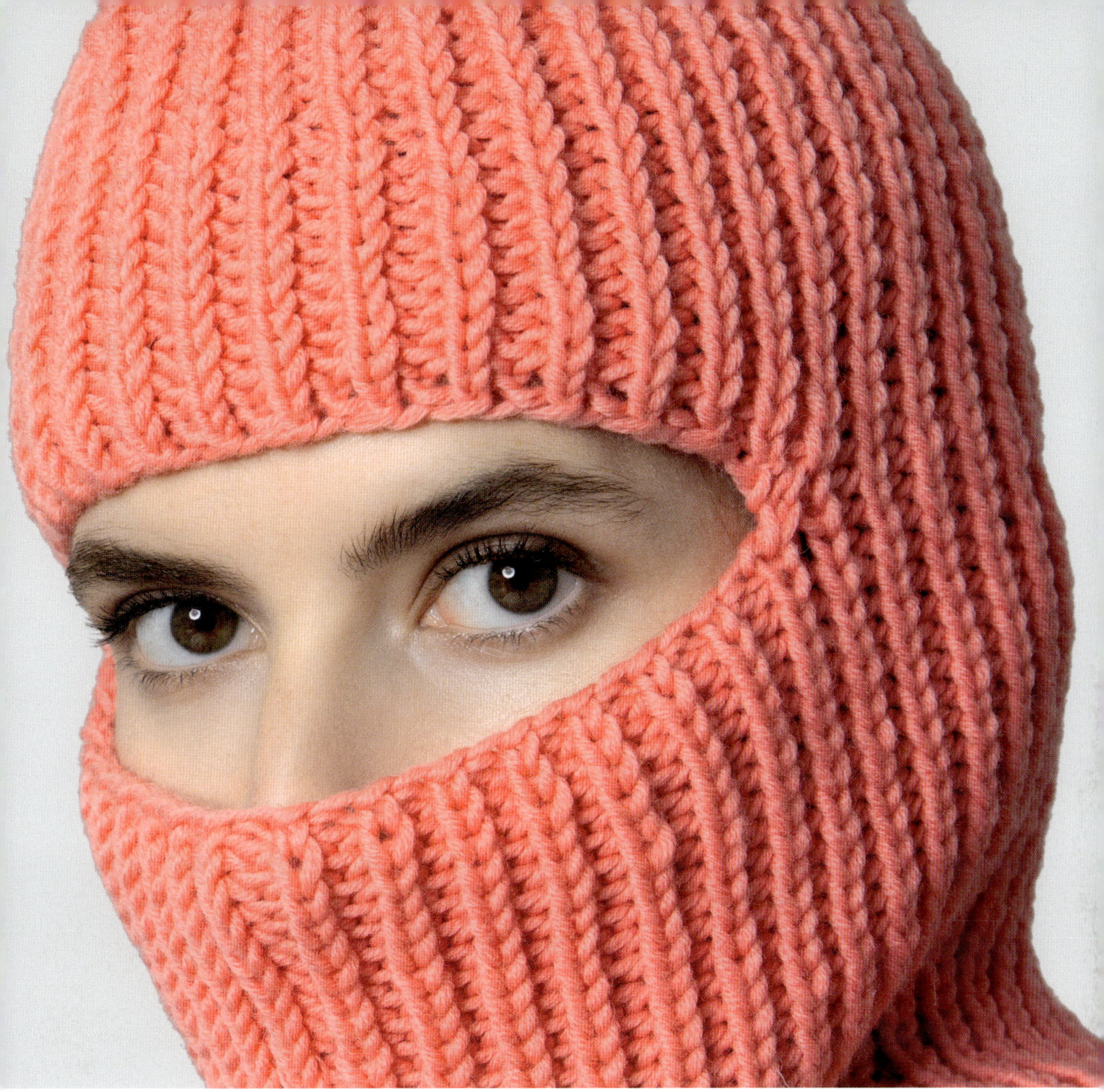

mit den Abnahmen für die Kopfform beginnen. Die Abnahmen liegen beidseitig des Rundenanfangs und beidseitig der Rundenmitte. Man beginnt in einer 3. Rd des Halbpatentmusters: 3 M stricken, 1 doppelter Überzug (= 1 M rechts abheben, 2 M rechts zusammenstricken, dann die abgehobene M überziehen), 33 M stricken, 3 M rechts zusammenstricken, 5 M stricken, 1 doppelter Überzug, 33 M stricken, 3 M rechts zusammenstricken, 2 M stricken. Es wurden 8 M abgenommen = 80 M. Diese Abnahmen in jeder 4. Rd noch 6x, dann in jeder 2. Rd noch 2x wiederholen = 16 M. Arbeitsfaden durch die restlichen 16 M ziehen. Faden fest anziehen und gut vernähen.

**Zu guter Letzt:** Mütze leicht anfeuchten und unter feuchten Tüchern trocknen lassen.

## KINDERMÜTZE

# MINI-ME RIBS

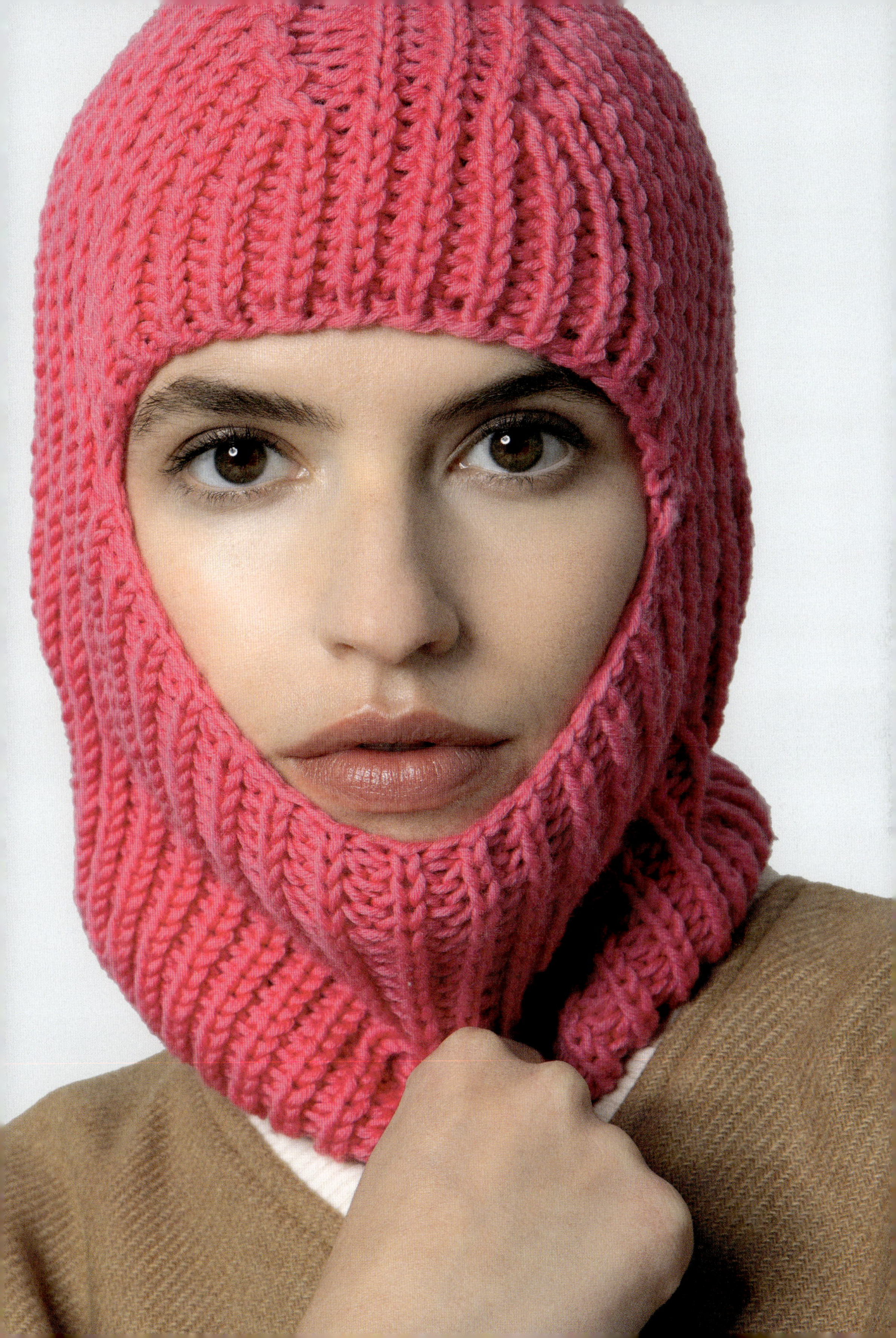

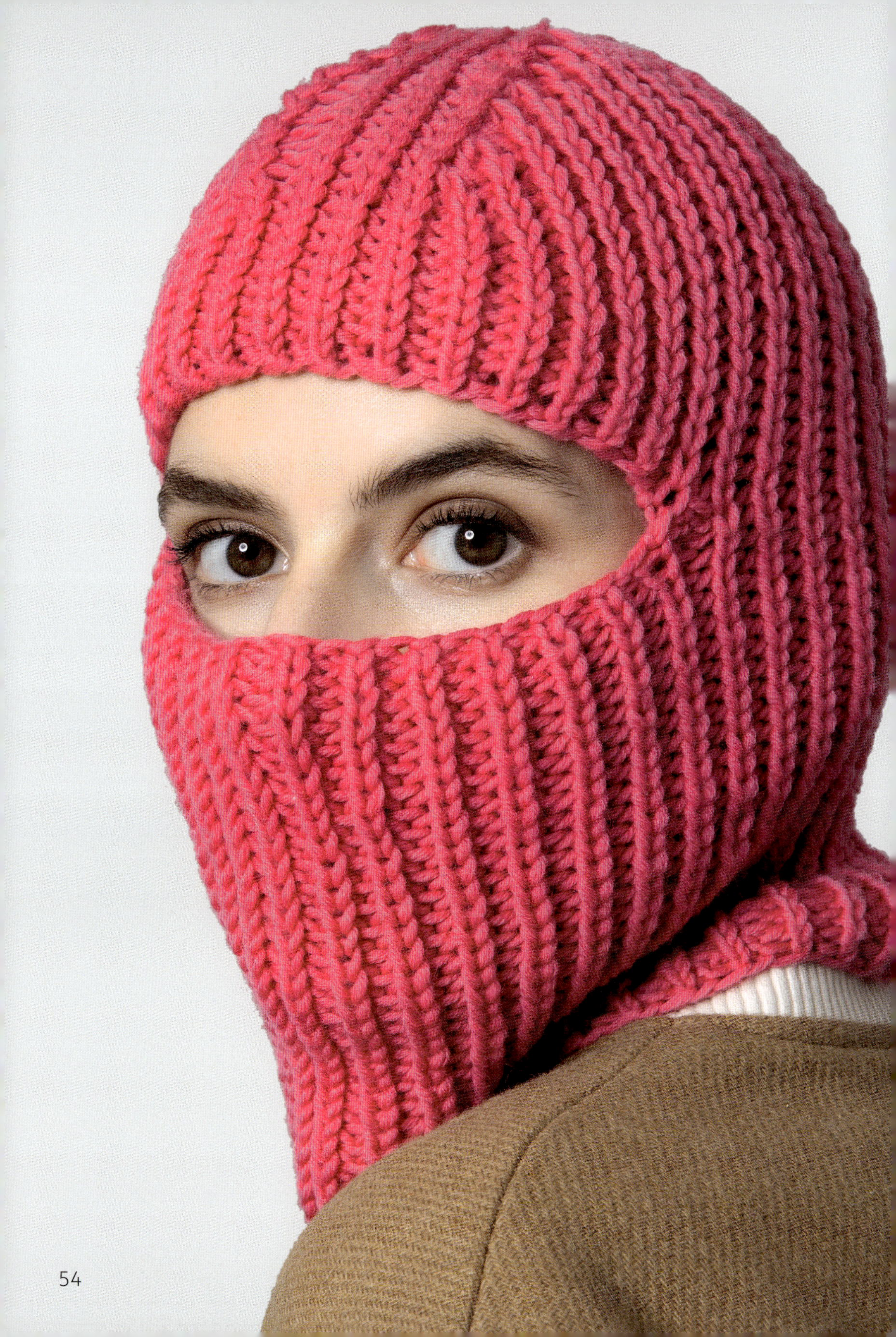

# KINDERMÜTZE MINI-ME RIBS

**SCHWIERIGKEITSGRAD** mittel

**KOPFUMFANG** 48–52cm

**MATERIAL** 150g Bingo (100% Schurwolle Merino) in Pink (Fb. 159) von Lana Grossa mit einer Lauflänge von 80m / 50g;
Nadelspiel 5mm

---

## MASCHENPROBE

Mit Nadel 5mm im Halbpatent gestrickt ergeben 17 M und 30 R/Rd 10cm x 10cm

**Halbpatent in Rd:**
Maschenzahl teilbar durch 2 M. Die »schlanke« Rippe befindet sich auf der Vorderseite. **1. Rd:** 1 M links, 1 M rechts im Wechsel. **2. Rd:** *** 1 M links, die rechte M mit 1 Umschlag wie zum Links-Stricken abheben, ab *** fortlaufend wiederholen. **3. Rd:** *** 1 M links, den Umschlag und die abgehobene M der Vor-Rd rechts zusammenstricken, ab *** fortlaufend wiederholen. Die 2. und 3. Rd fortlaufend wiederholen.

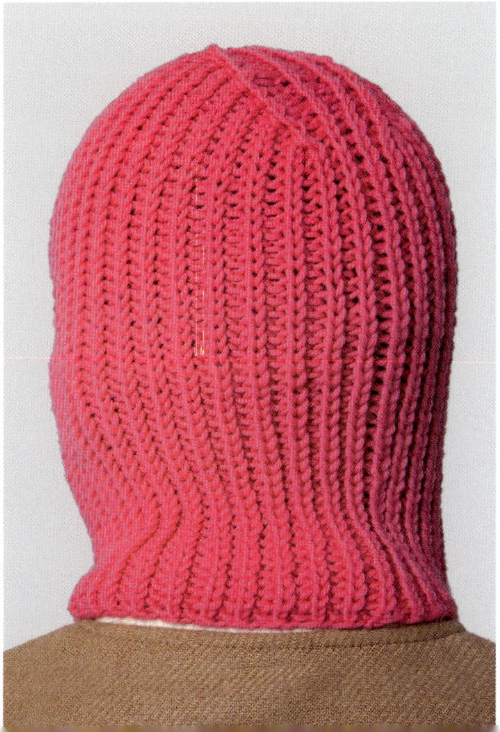

# MINI-ME RIBS

## SO WIRD'S GEMACHT

**Anleitung:** Zuerst für den Gesichtsausschnitt mit Nadel 5mm 27 M anschlagen. M stilllegen. Nun für die Mütze am unteren Rand beginnen und 80 M mit Nadel 5mm anschlagen. M gleichmäßig auf das Nadelspiel verteilen = 20 M pro Nadel. Arbeit zur Rd schließen, Rundenanfang und Rundenmitte markieren. Der Rundenbeginn liegt in der rückwärtigen Mitte. Im Halbpatent in Runden stricken. In 16 cm Gesamthöhe, beziehungsweise in einer 3. Rd Halbpatentmuster, für den Gesichtsausschnitt ab Rundenbeginn 27 M stricken, 27 M abketten und dafür die zuvor stillgelegten 27 M in die Arbeit einfügen und gleich im Halbpatent stricken, dann die restlichen 26 M stricken. Über alle M weiter im Halbpatent in Runden stricken. In 22 cm Gesamthöhe mit den Abnahmen für die Kopfform beginnen. Die Abnahmen liegen beidseitig des Rundenanfangs und beidseitig der Rundenmitte. Man beginnt in einer 3. Rd des Halbpatentmusters: 3 M stricken, 1 doppelter Überzug (= 1 M rechts abheben, 2 M rechts zusammenstricken, dann die abgehobene M überziehen), 29 M stricken, 3 M rechts zusammenstricken, 5 M stricken, 1 doppelter Überzug, 29 M stricken, 3 M rechts zusammenstricken, 2 M stricken. Es wurden 8 M abgenommen = 72 M. Diese Abnahmen in jeder 4. Rd noch 6x, dann in der folg. 2. Rd 1x wiederholen = 16 M. Arbeitsfaden durch die restlichen 16 M ziehen. Faden fest anziehen und gut vernähen.

**Zu guter Letzt:** Mütze leicht anfeuchten und unter feuchten Tüchern trocknen lassen.

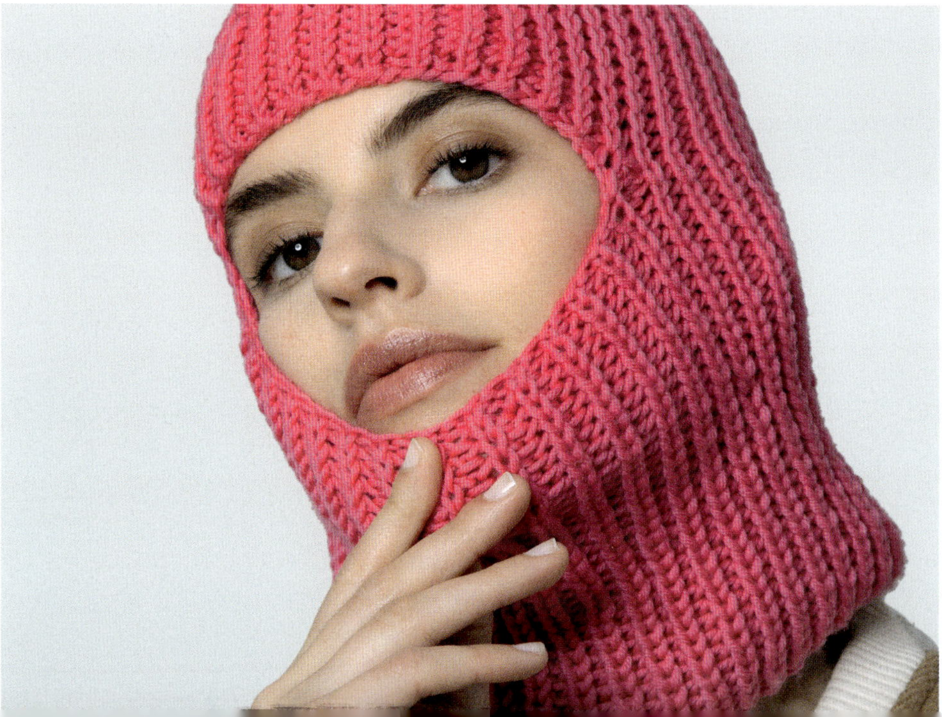

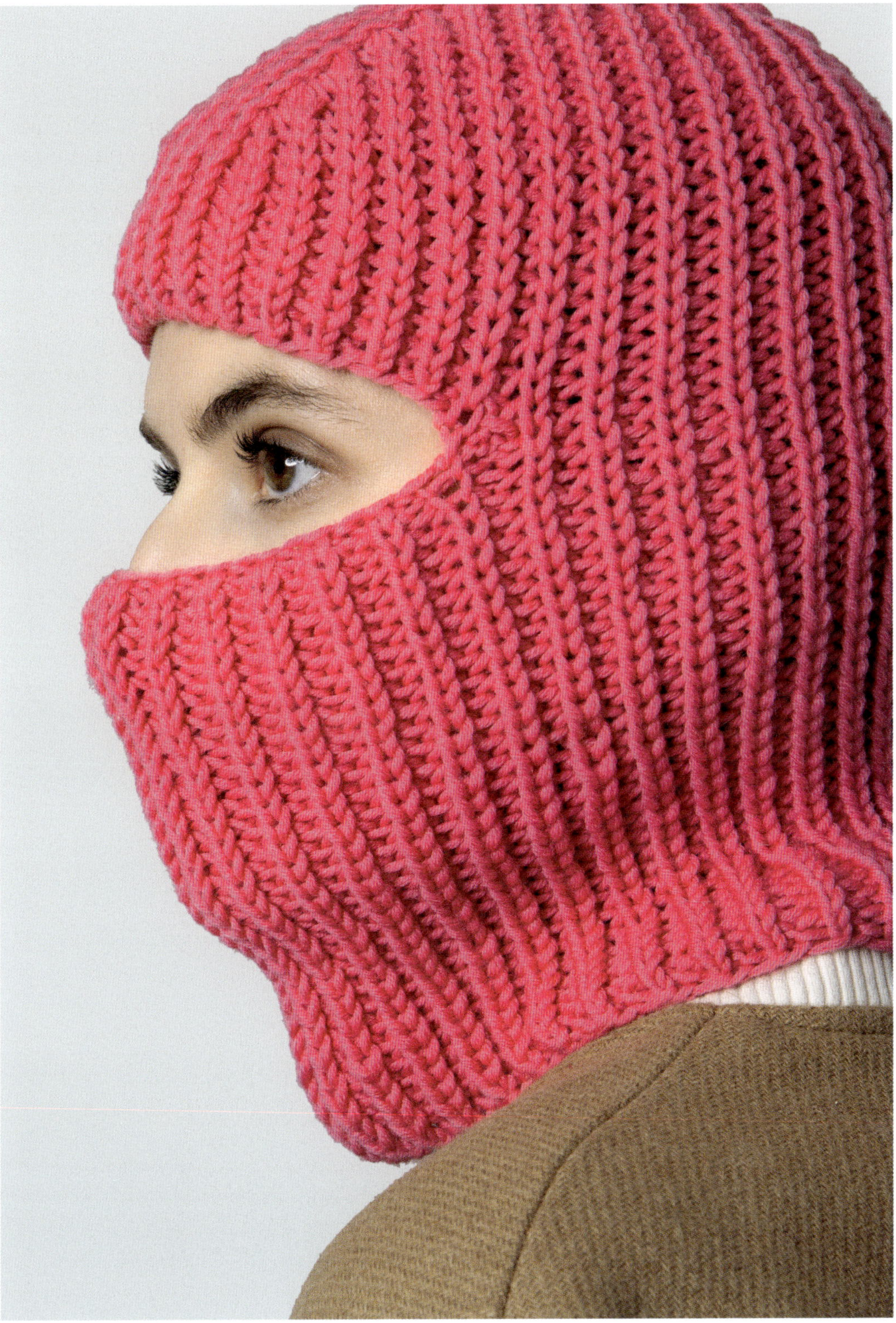

# DÉGRADÉ

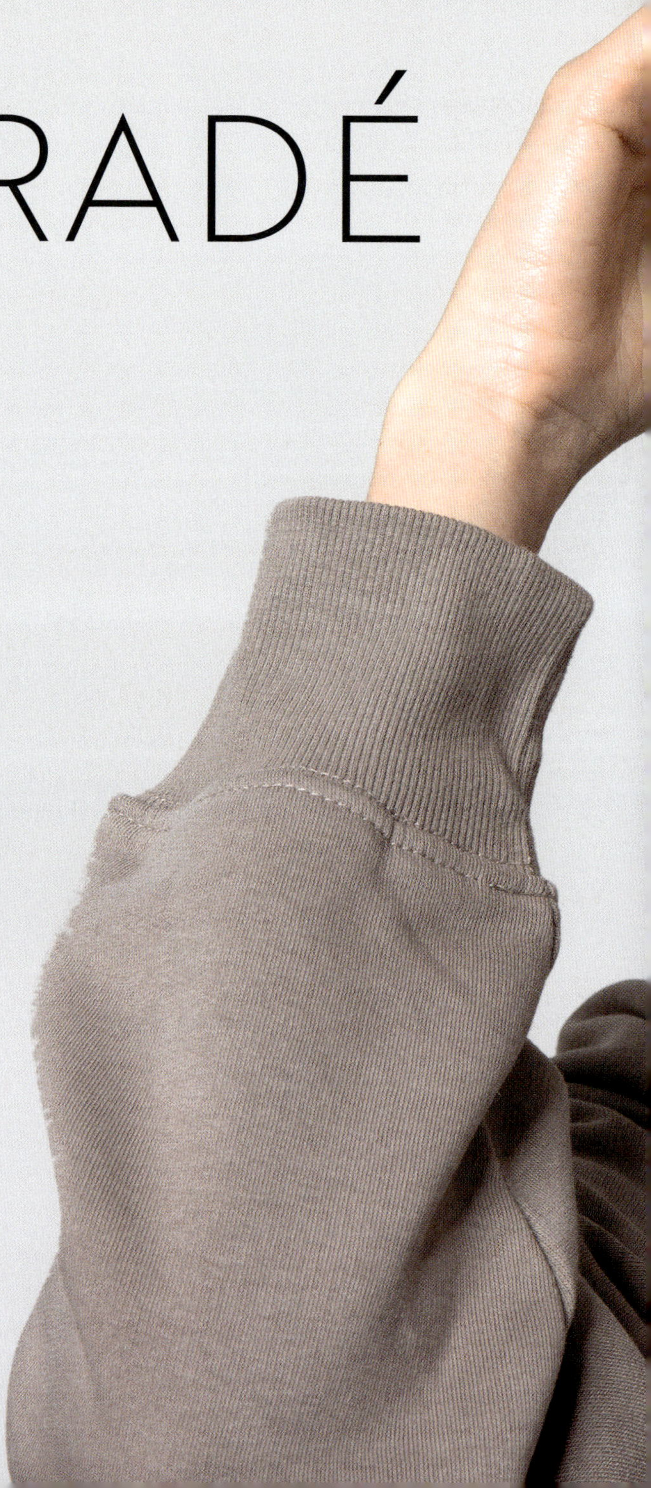

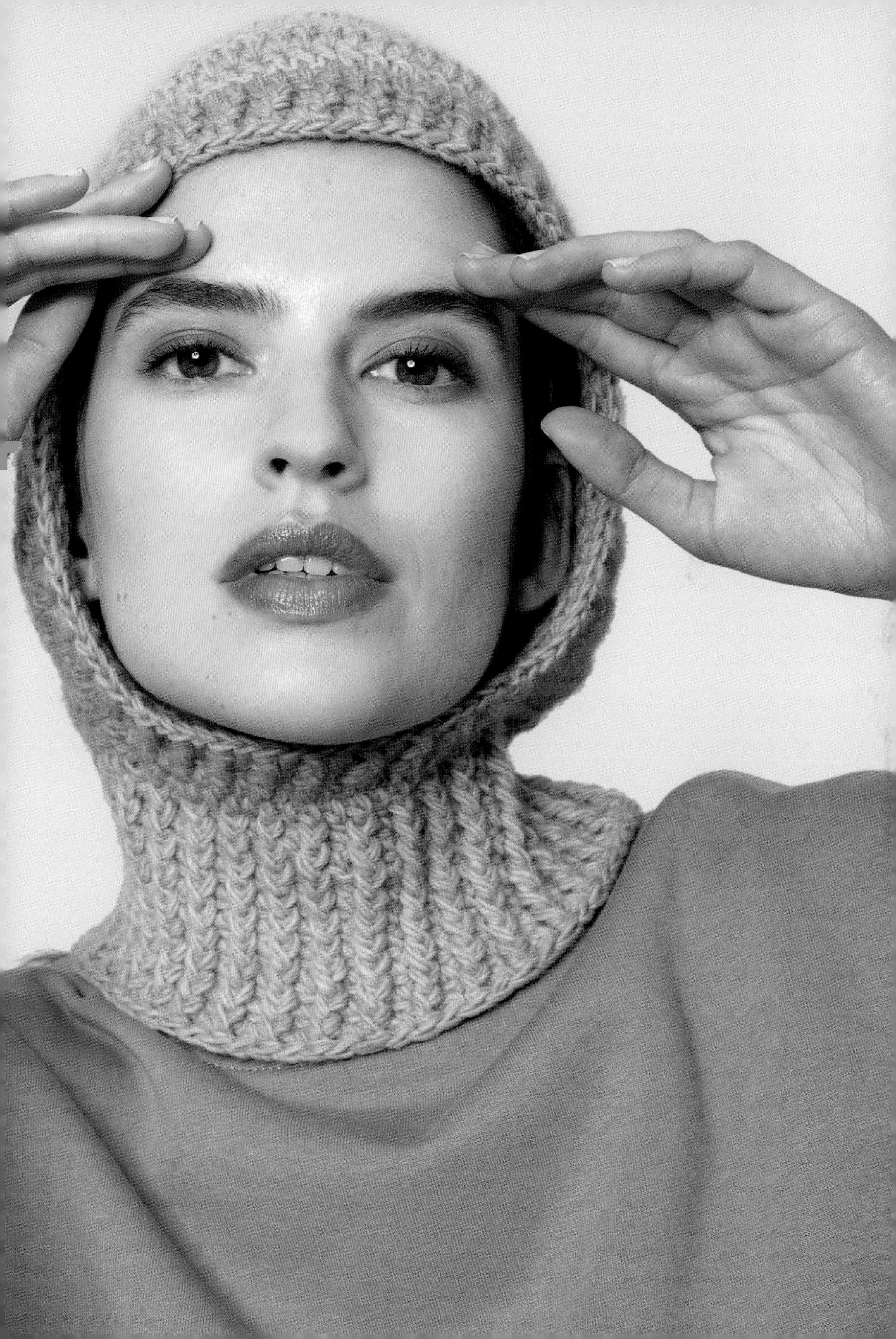

# DÉGRADÉ

**SCHWIERIGKEITSGRAD** mittel

**KOPFUMFANG** 54–56cm

**MATERIAL** 200g Gomitolo Alpaca (43% Alpaka (Baby), 29% Polyacryl, 18% Polyamid, 10% Schurwolle (Merino) in Graubeige/Hellgrau/Mint/Graublau (Fb. 361) von Lana Grossa mit einer Lauflänge von 350m / 100g); Häkelnadel 4,5mm

---

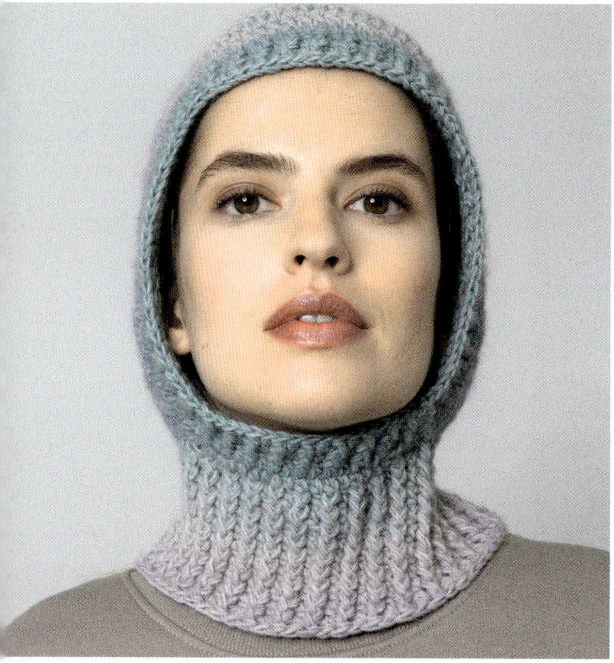

***Achtung:***
*Es wird immer doppelfädig gehäkelt, dabei mit jeweils der gleichen Farbe im Farbverlauf beginnen.*

## MASCHENPROBE

Mit Häkelnadel 4,5mm doppelfädig im Grundmuster gehäkelt ergeben 13,5 M und 8 R 10cm x 10cm

**Grundmuster:**
Stäbchen. Jede R mit 2 Wende-Luftmaschen als Ersatz für das 1. Stäbchen beginnen.

**Bündchenmuster:**
M-Zahl teilbar durch 2. **1. Rd:** 2 Steige-Luftmaschen, *** 1 Relief-Stäbchen von vorne (= 1 Umschlag auf die Nadel nehmen, von vorne

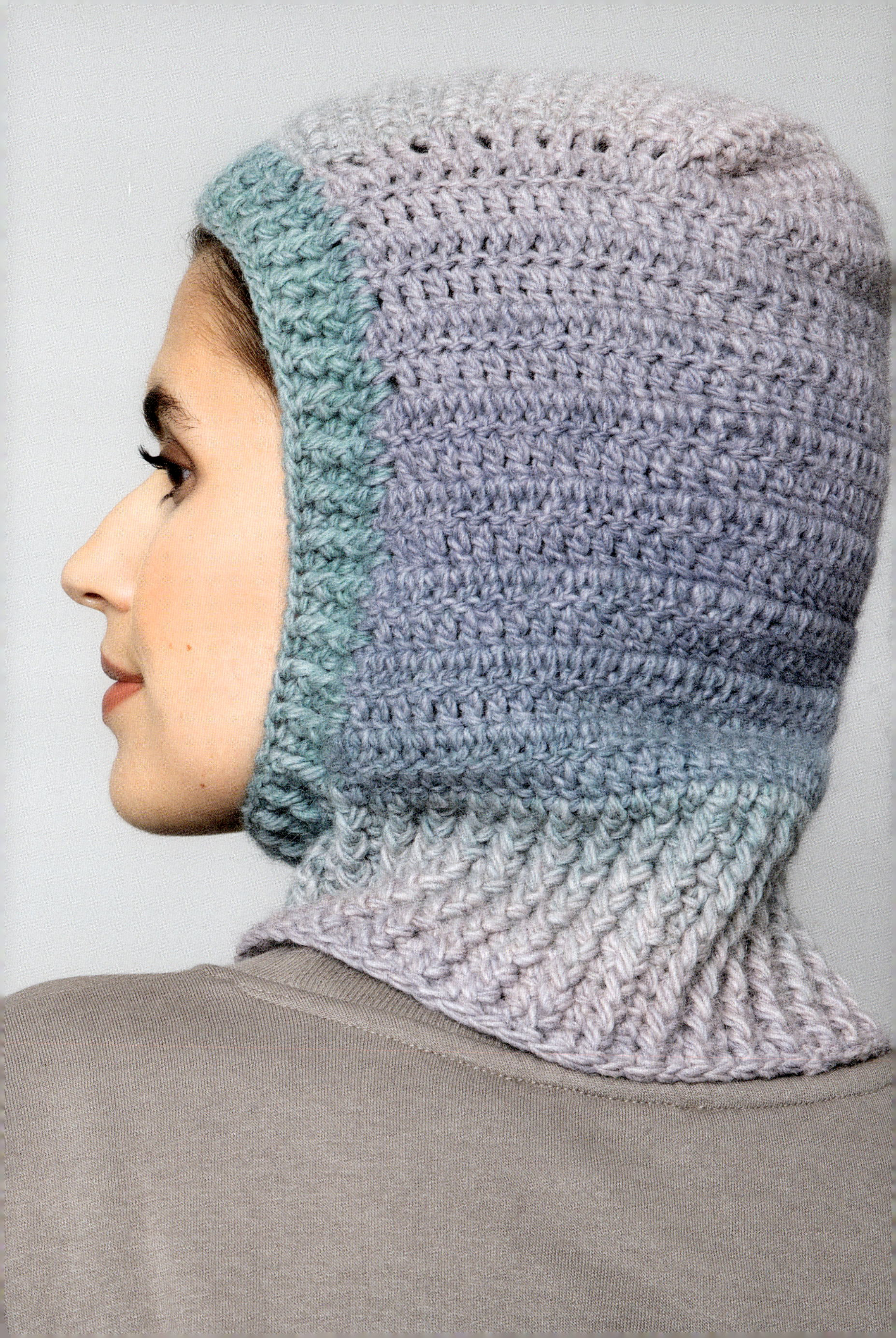

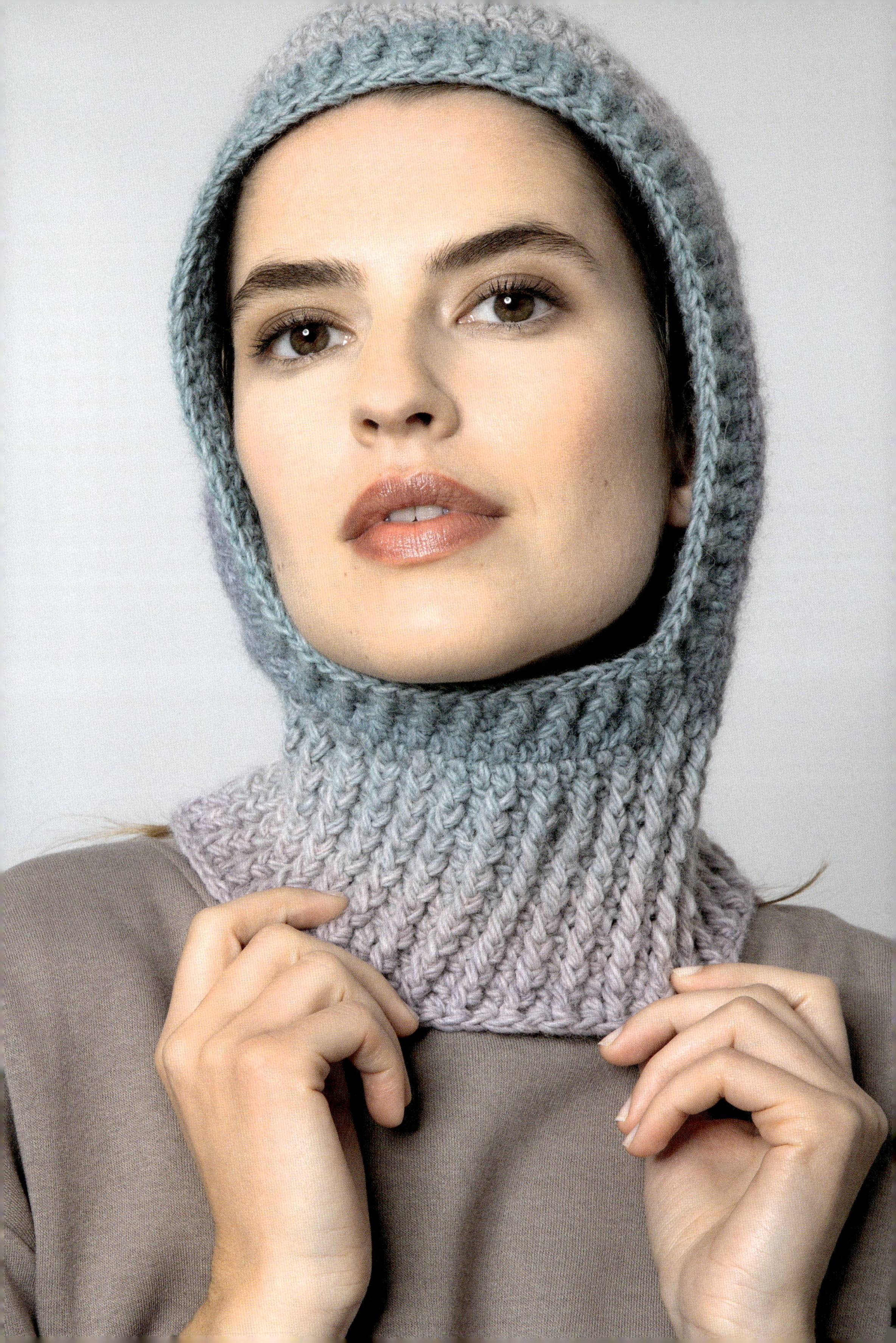

nach hinten und wieder nach vorne um das Stäbchen der Vor-R herumstechen und 1 Stäbchen häkeln), 1 halbes Stäbchen, ab *** stets wiederholen, 1 Relief-Stäbchen von vorne. Mit 1 Kett-M in die letzte Steige-Luftmasche die Arbeit zur Rd schließen. Die 1. Rd stets wiederholen.

## SO WIRD'S GEMACHT:

**Anleitung:** Für die Kopfmitte häkelt man zunächst ein Rechteck 13cm breit und 20cm lang. Dafür 18 Luftmaschen und 2 Wende-Luftmaschen doppelfädig mit Häkelnadel 4,5mm anschlagen. Im Grundmuster häkeln. Nach 20cm, = 16 R, Arbeit beenden. Jetzt den doppelten Faden am Seitenrand der Anschlag-Reihe anschlingen, 2 Wende-Luftmaschen arbeiten, dann in den 1. Seitenrand je R 1 Stäbchen häkeln, = 16 Stäbchen, in den oberen Rand 18 Stäbchen, in den 2. Seitenrand je R 1 Stäbchen häkeln, = 16 Stäbchen = insgesamt 50 M. Im Grundmuster geradeaus weiterhäkeln. Nach 21cm, = 17 R, Arbeit beenden. Jetzt für die Umrandung des Gesichts doppelfädig 18 Luftmaschen + 2 Wende-Luftmaschen anschlagen. 18 Stäbchen häkeln, dann in den 1. senkrechten Mützenrand 29 Stäbchen, in den Anschlagrand des Rechtecks auf der Kopfmitte 18 Stäbchen, in den 2. senkrechten Mützenrand 29 Stäbchen häkeln = insgesamt 94 M. Mit 1 Kett-M in die letzte Wende-Luftmasche Arbeit zur Rd schließen. Nun 2 Rd im Bündchenmuster häkeln. Arbeit beenden.

**Zu guter Letzt:** Für das Halsbündchen am unteren Rand der Mütze in der rückwärtigen Mitte den Faden doppelfädig anschlingen und wie folgt häkeln: 2 Wende-Luftmaschen, 68 Stäbchen, mit 1 Kett-M in die letzte Wende-Luftmasche Arbeit zur Rd schließen. Nun 9 Rd im Bündchenmuster häkeln. Arbeit beenden.

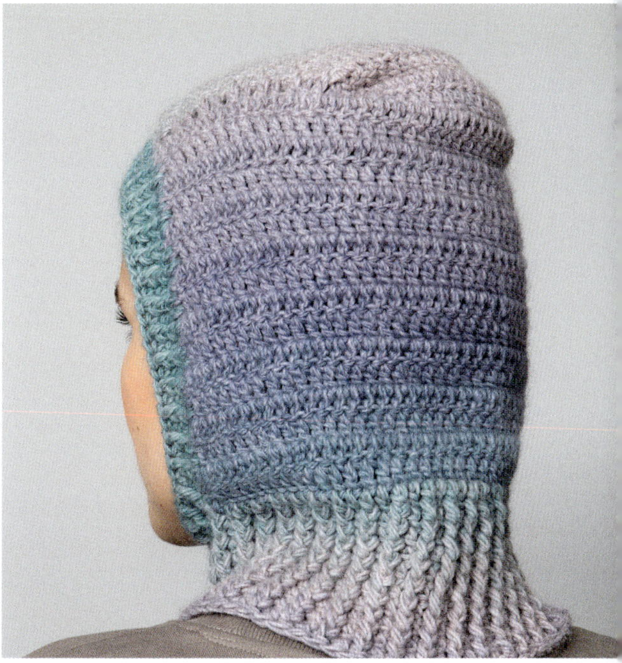

# GRANDMA

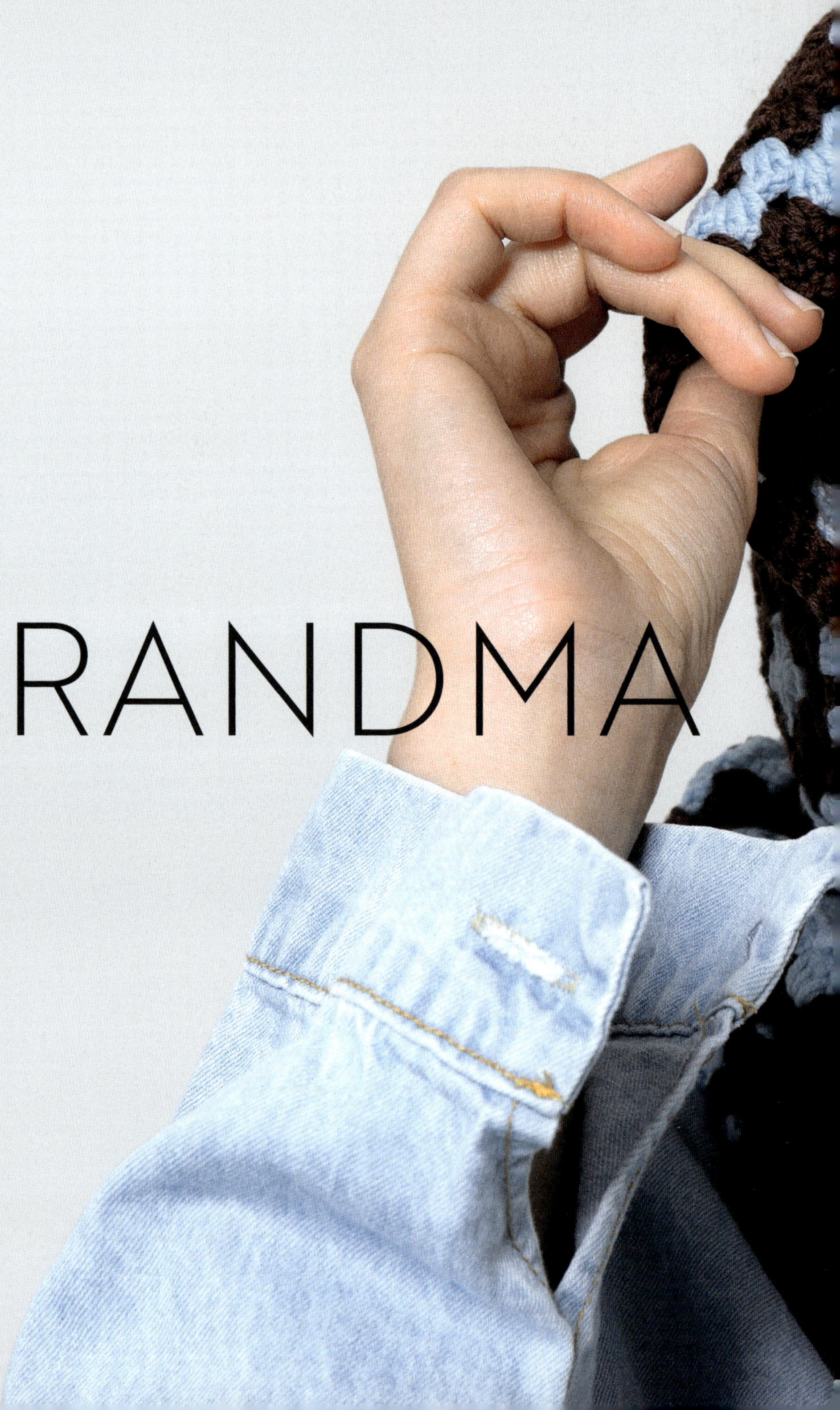

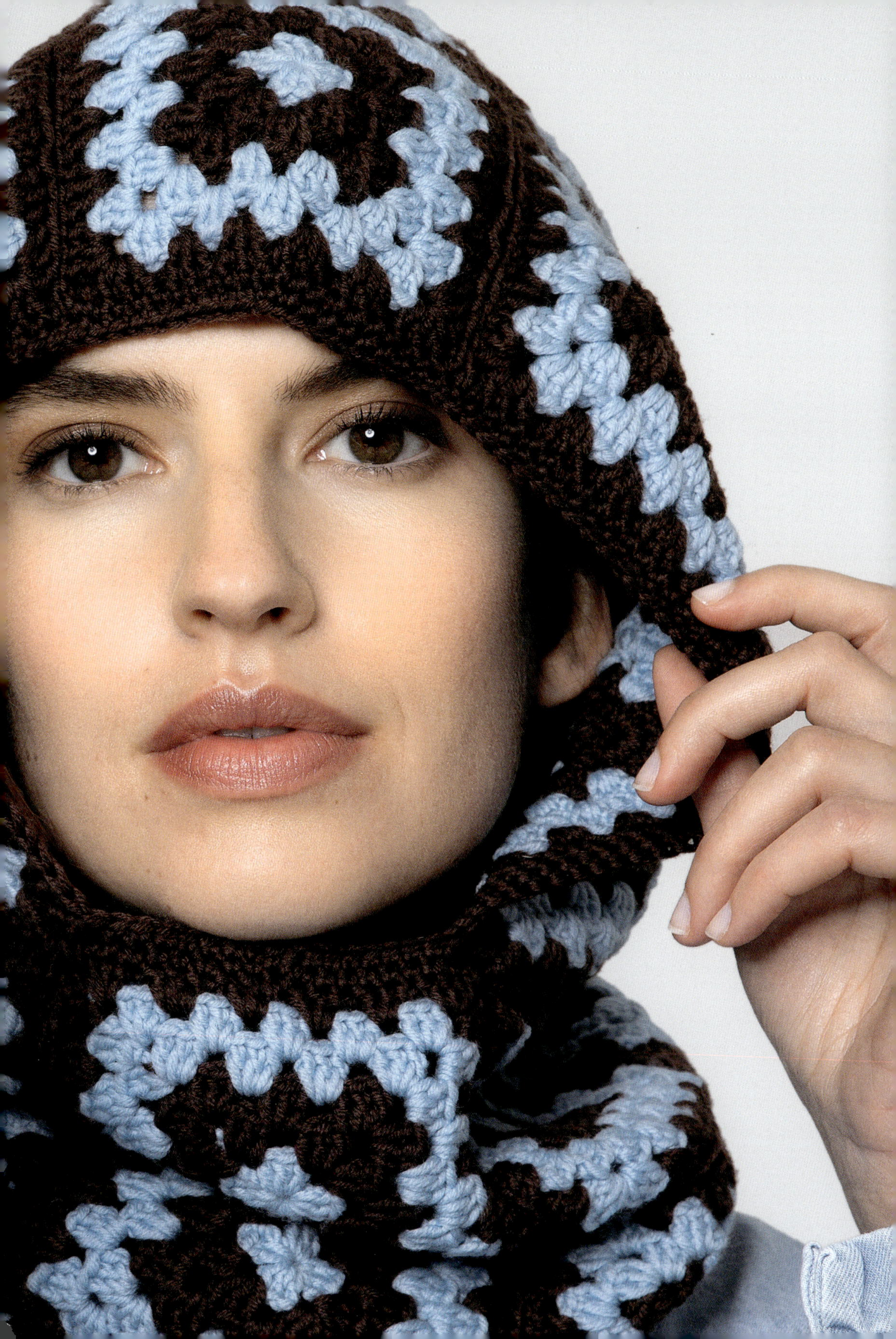

# GRANDMA

**SCHWIERIGKEITSGRAD** mittel

**KOPFUMFANG** 54–56cm

**MATERIAL** 200g Cool Wool Big (100% Schurwolle Merino Extrafein) in Schokobraun (Fb. 987) und 150g in Himmelblau (Fb. 946) von Lana Grossa mit einer Lauflänge von 120m / 50g; Häkelnadel 4mm.

---

**Häkelschrift**

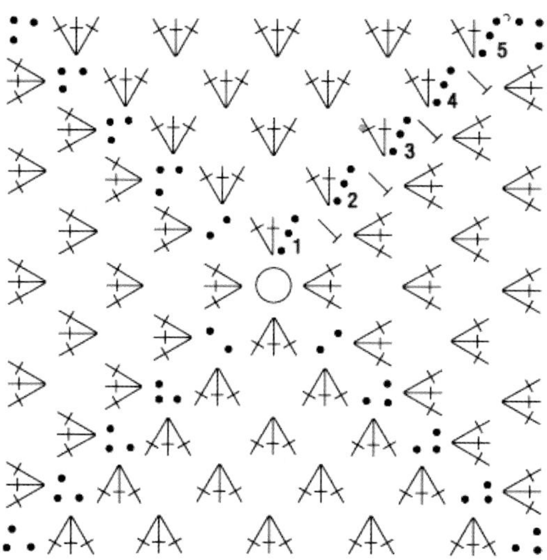


## MASCHENPROBE

Bei 1 Granny Square mit Häkelnadel 4mm gehäkelt ergeben 6 Rd 11cm x 11cm

**Granny Square:**
Siehe Häkelschrift. Ein Square besteht aus 6 Rd. Es sind nur 5 Rd gezeichnet. Die 6. Rd analog zur 2.–5. Rd logisch ergänzen.

**Legende**

● = 1 Luftmasche

◗ = 1 Kettmasche

T = 1 halbes Stäbchen

Ŧ = 1 Stäbchen

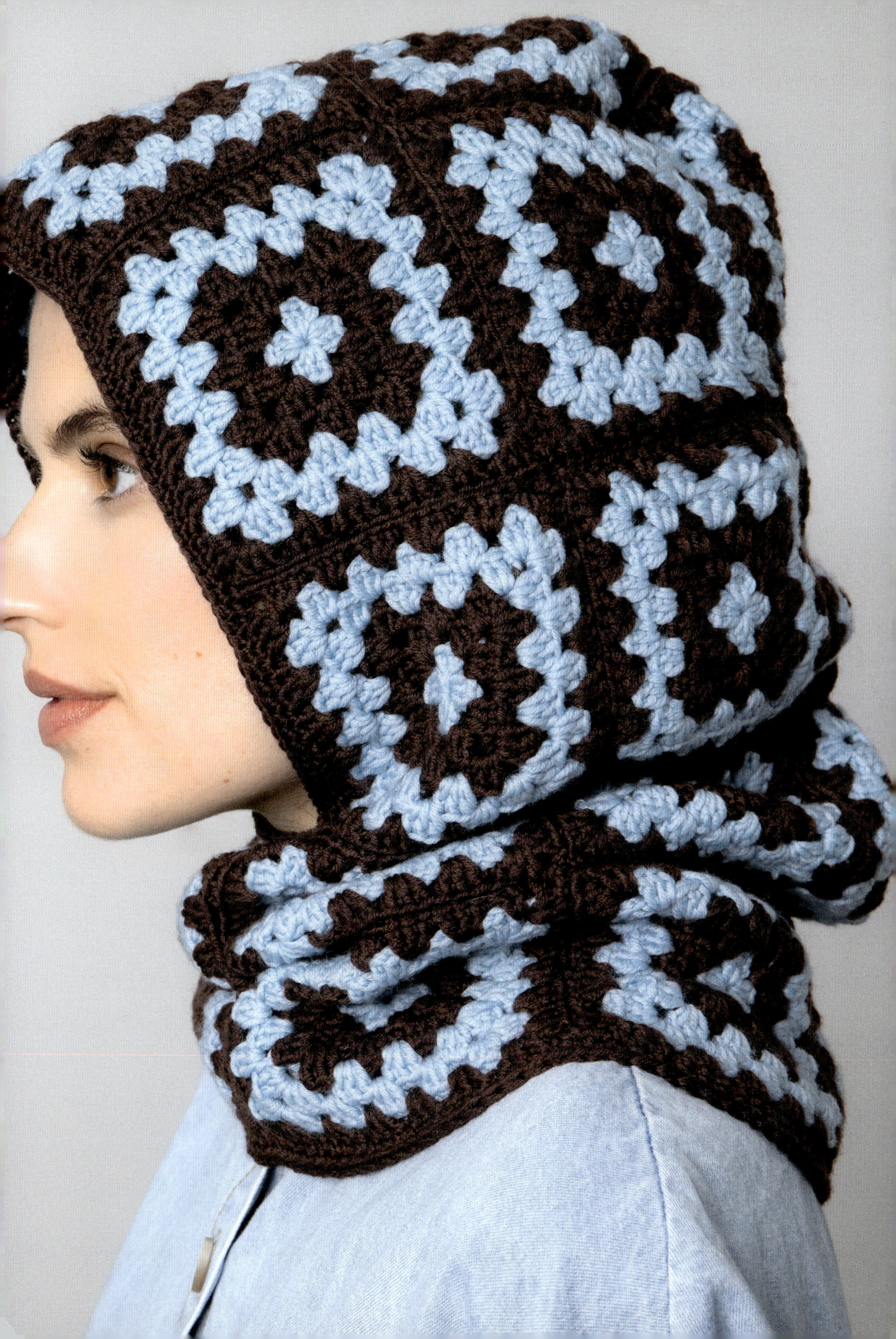

# GRANDMA

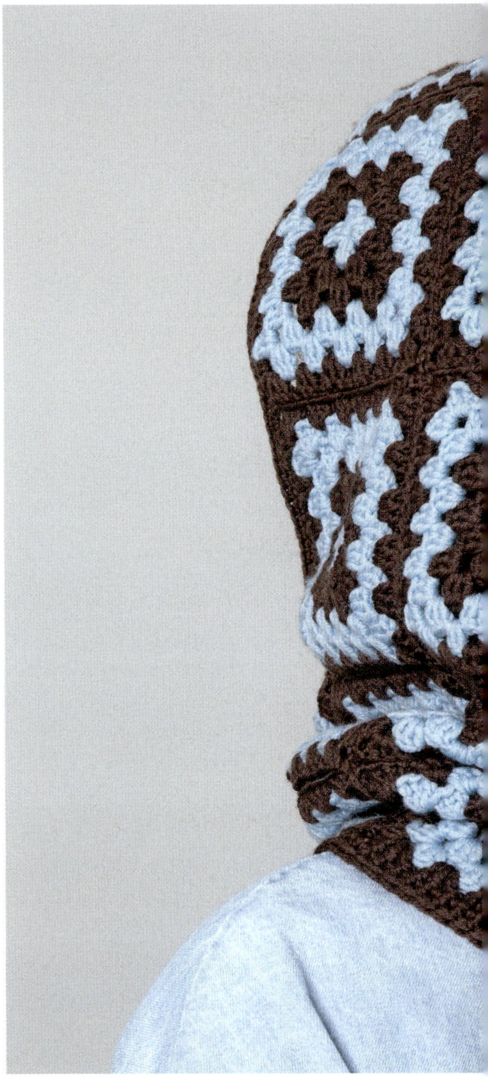

Jede Rd mit einem halben Stäbchen schließen und die folgende Rd mit 3 Steige-Luftmaschen beginnen. Insgesamt 6 Rd arbeiten. Die 6. Rd mit 1 Kett-M in die oberste der 3 Steige-Lm schließen. Dann die Arbeit beenden.

**Farbfolge:**
1 Rd Himmelblau, 2 Rd Schokobraun, 2 Rd Himmelblau, 1 Rd Schokobraun = 6 Rd.

**Schnittskizze:**
Die Zahlen in den Quadraten stehen für die Anzahl der insgesamt verwendeten Quadrate. Die gebogenen Pfeile bezeichnen die Punkte, die miteinander verbunden werden.

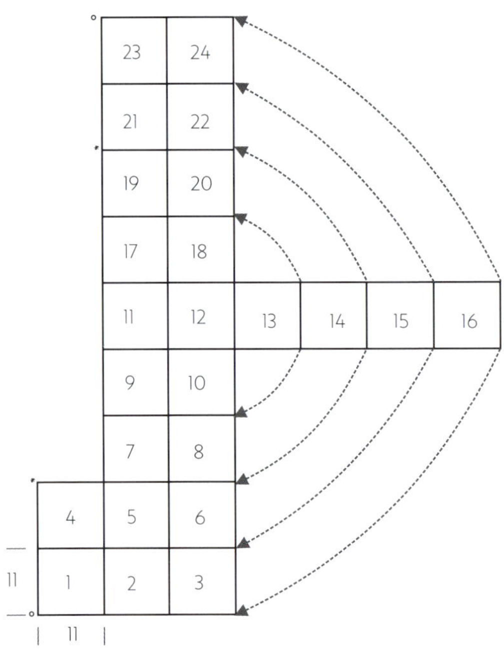


## SO WIRD'S GEMACHT

**Anleitung:** Fadenschlinge in Himmelblau legen. Mit Häkelnadel 4mm lt. Häkelschrift 3 Steige-Luftmaschen häkeln, dann weiter nach Häkelschrift. Nach der 1. Rd Fadenende der Anfangsschlinge anziehen, bis sich der Ring schließt. Die 1.–6. Rd nach Farbfolge häkeln, dann Arbeit beenden. Fäden vernähen. Ins-

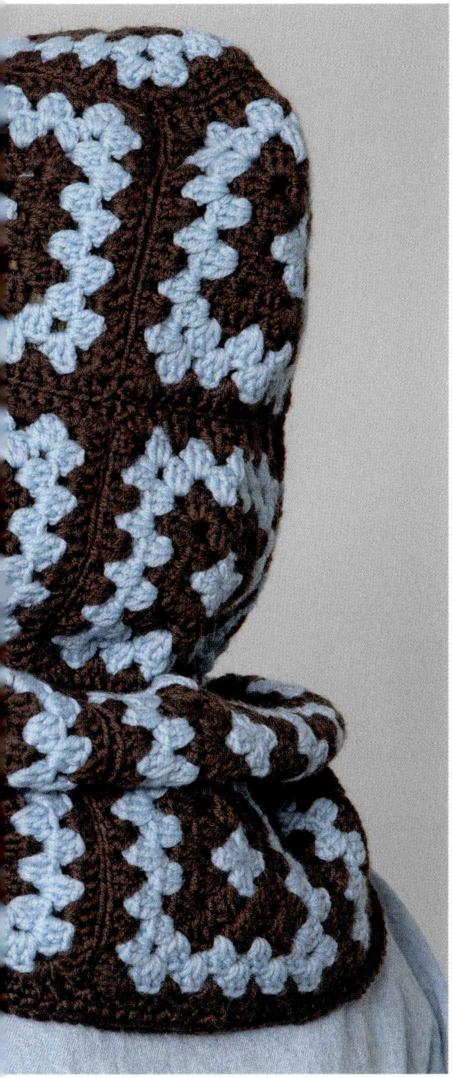

Kett-M aneinander häkeln, dabei stets in das äußere halbe M-Glied einstechen: 2 Quadrate rechts auf rechts legen. Es liegen nun 2 Maschenzöpfchen sichtbar am oberen Rand. Mit der Häkelnadel sticht man in das jeweils außenliegende halbe Maschenzöpfchen ein und arbeitet eine Kett-M. Die innenliegenden halben Maschenzöpfchen erscheinen auf der Außenseite als 2 parallele Linien.

**Zu guter Letzt:** Die Mütze leicht anfeuchten und unter feuchten Tüchern trocknen lassen. Mit Häkelnadel 4mm den Gesichtsausschnitt mit 2 Rd festen M in Schokobraun umhäkeln, dabei in der unteren Mitte beginnen. Jede Rd mit 1 Steige-Luftmasche beginnen und mit 1 Kett-M in die Steige-Luftmasche schließen. Für eine schöne Rundung an den beiden unteren Ecken jeweils 3 M zusammen abmaschen. Nach 2 Rd Arbeit beenden. Den unteren Mützenrand ebenfalls mit 2 Rd festen M in Schokobraun umhäkeln. Die Häkelränder nochmal kurz anfeuchten, in Form ziehen und trocknen lassen.

gesamt 24 Granny Squares häkeln. Quadrate spannen, anfeuchten und trocknen lassen oder mit einem Dampfbügeleisen mit einem Abstand von ca. 10cm dämpfen. Lt. Schnittskizze die Quadrate aneinander heften. Zum Schluss * auf * und ° auf ° legen und die Naht dazwischen schließen. Mütze auf links drehen. Mit Häkelnadel 4mm in Schokobraun die Quadrate mit

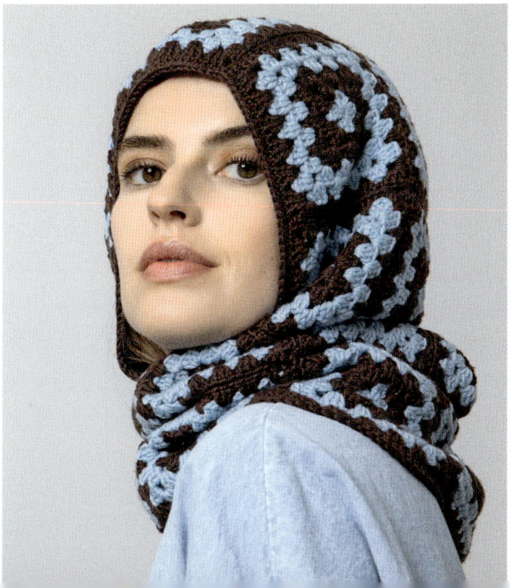

# ALL OVER

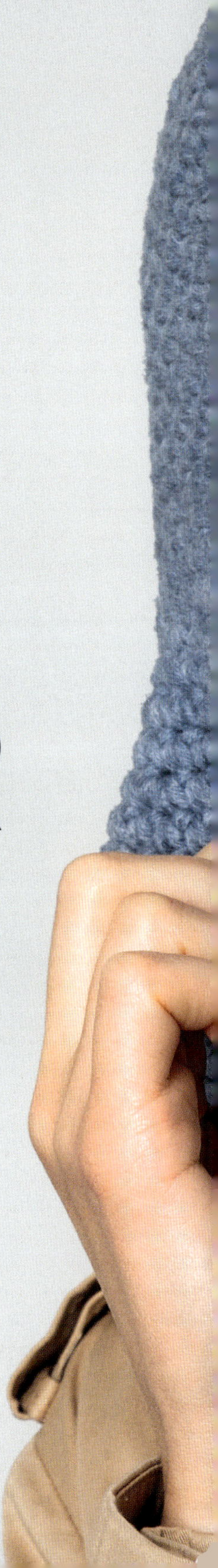

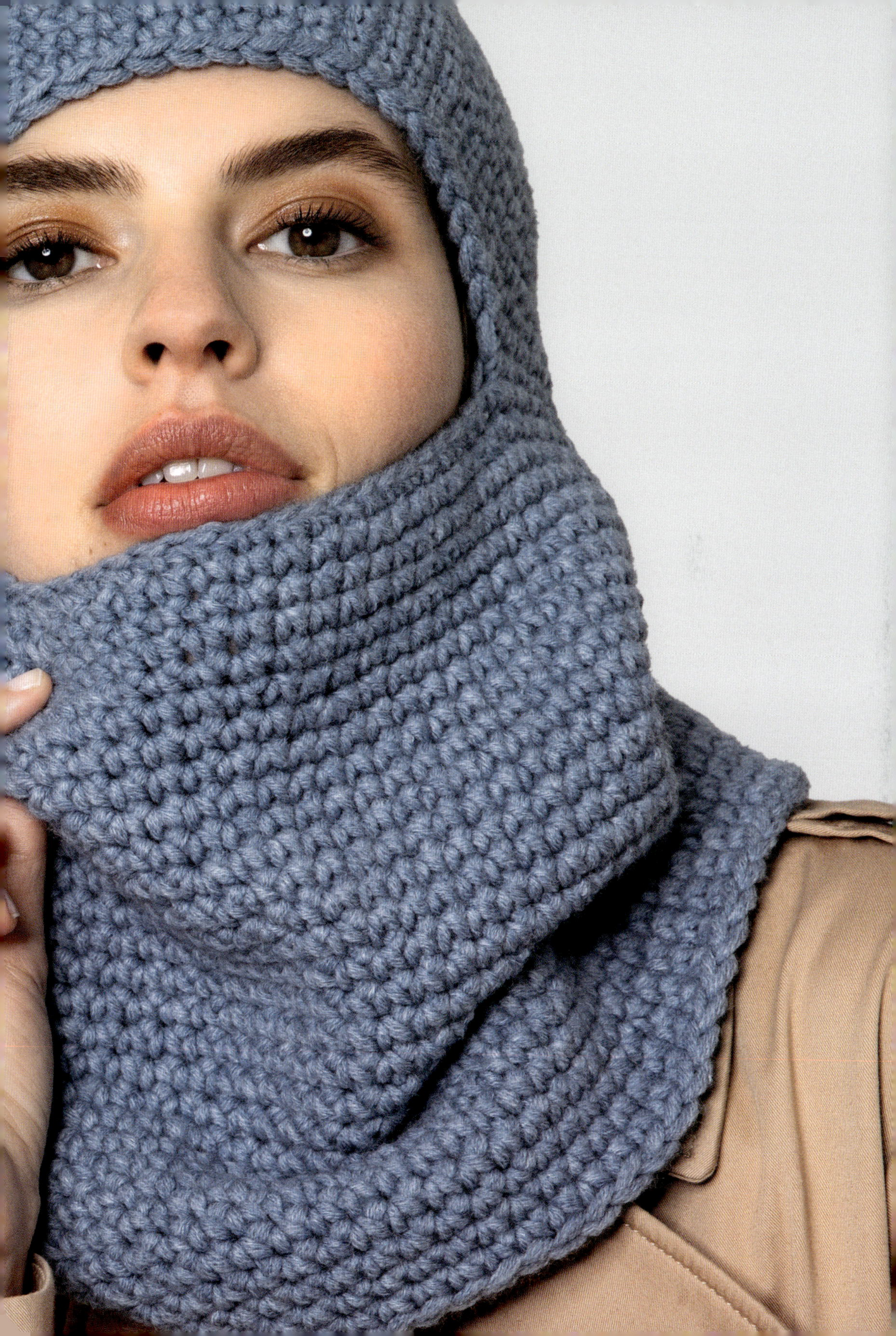

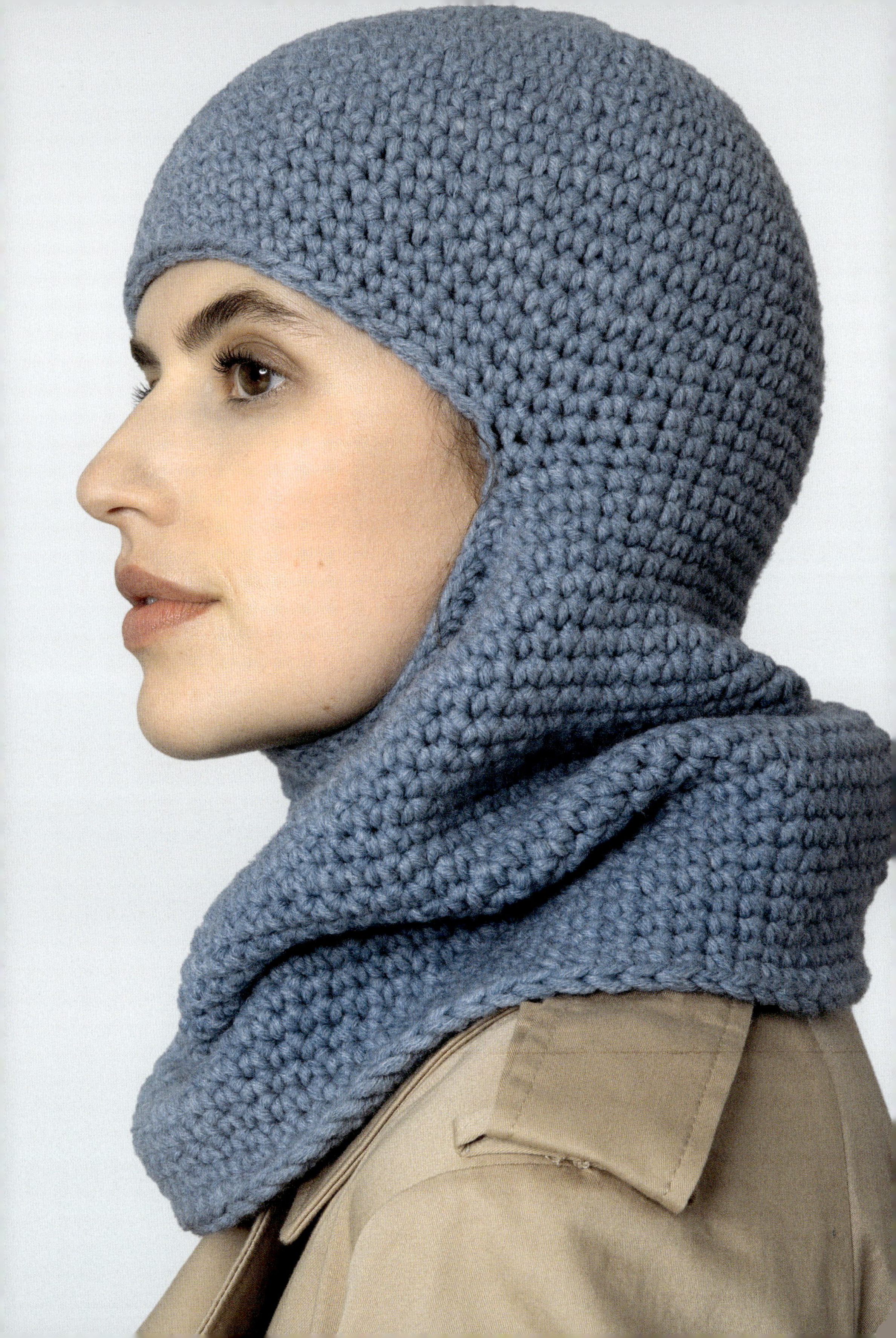

# ALL OVER

**SCHWIERIGKEITSGRAD** einfach

**KOPFUMFANG** 54–56cm

**MATERIAL** 250g Mille II (50% Schurwolle Merino extrafine, 50% Polyacryl) in Rauchblau (Fb. 123) von Lana Grossa mit einer Lauflänge von 55m / 50g); Häkelnadel 6mm

---

## MASCHENPROBE

Mit Häkelnadel 6mm feste M gehäkelt ergeben 11 M und 12 R/Rd 10cm x 10cm

**Feste Maschen:**
In Rd feste M häkeln. Jede Rd beginnt mit 1 Steige-Luftmasche und endet mit 1 Kett-M in die Steige-Luftmasche.

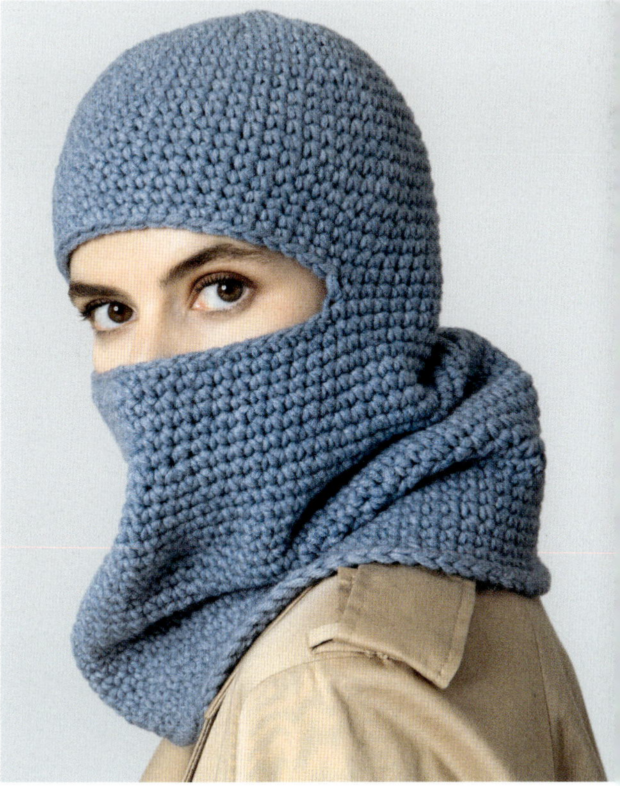

## SO WIRD'S GEMACHT

**Anleitung:** Man beginnt in der Kopfmitte. Eine Anfangsschlinge legen und mit Häkelnadel 6mm zuerst 1 Steige-Luftmasche häkeln, dann 14 feste M in den Ring. Fadenende anziehen, bis sich der Ring schließt. Jede Rd beginnt mit 1 Steige-Luftmasche und endet mit 1 Kett-M in die Steige-Luftmasche. **1. Rd:** jede

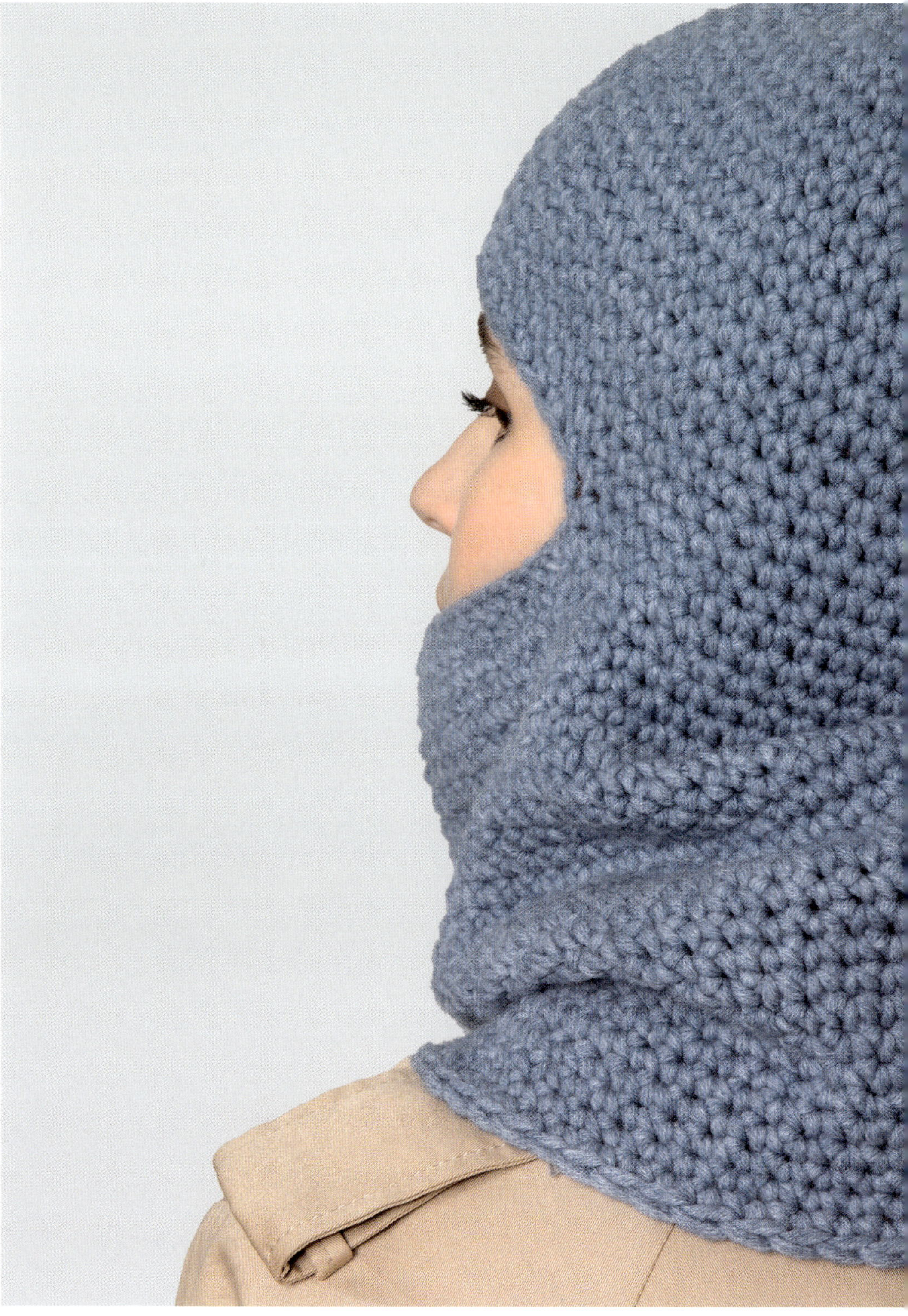

# ALL OVER

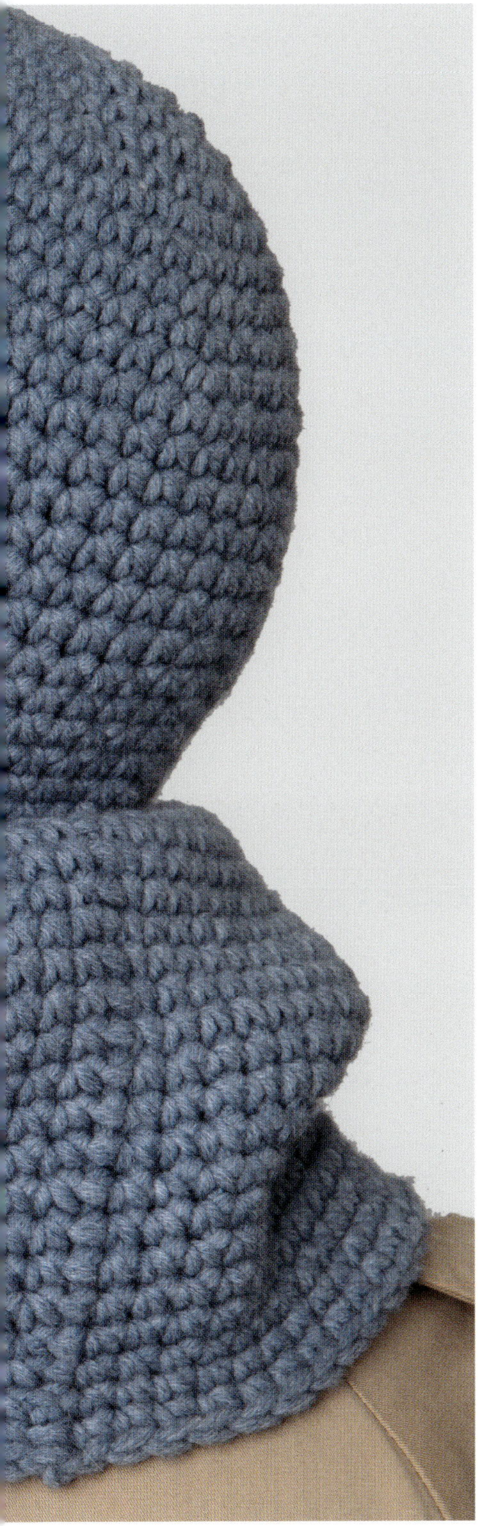

2. M verdoppeln = 21 M. **2. Rd:** jede 3. M verdoppeln = 28 M. **3. Rd:** ohne Zunahmen. **4. Rd:** jede 4. M verdoppeln = 35 M. **5. Rd:** jede 5. M verdoppeln = 42 M. **6. Rd:** die 3. M verdoppeln, dann jede 6. M verdoppeln = 49 M. **7. Rd:** ohne Zunahmen. **8. Rd:** jede 7. M verdoppeln = 56 M. **9. Rd:** ohne Zunahmen. **10. Rd:** die 4. M verdoppeln, dann jede 8. M verdoppeln = 63 M. **11.–21. Rd:** ohne Zunahmen. Für den Gesichtsausschnitt wie folgt arbeiten: **22. Rd:** 19 feste M, 25 Luftmaschen, 25 feste M der Vor-Rd übergehen, 19 feste M. **23. Rd:** 19 feste M, 25 feste M in die Luftmaschen-Kette der Vor-Rd, 19 feste M. **24.–28. Rd:** ohne Zunahmen. **29. Rd:** jede 9. M verdoppeln = 70 M. **30., 31., 32. Rd:** ohne Zunahmen. **33. Rd:** die 5. M verdoppeln, dann jede 10. M verdoppeln = 77 M. **34.–52. Rd:** ohne Zunahmen.

**Zu guter Letzt:** Mütze leicht anfeuchten und unter feuchten Tüchern trocknen lassen.

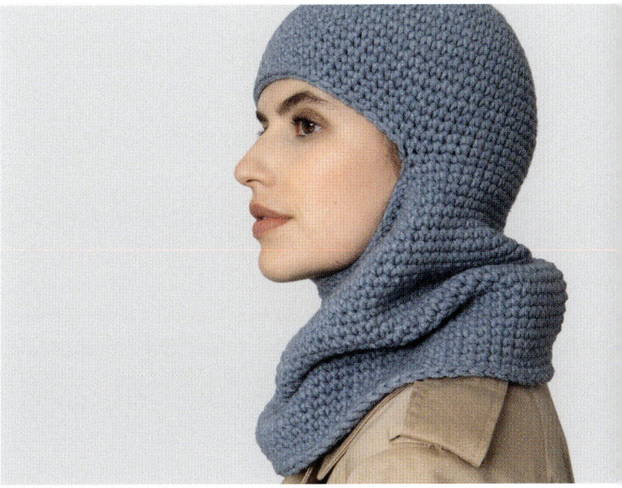

# Über die Autorin

Studium Modedesign mit Schwerpunkt Strick an der Fachhochschule für Textil in Reutlingen.

Redaktionelle Tätigkeit in einer Handarbeitsredaktion. Seit 1984 selbstständige Modedesignerin für Handstrickmodelle. In ihrem Atelier entstehen Handstrick- und Häkelmodelle vom ersten Entwurf bis zum fertiggestrickten Produkt. Veröffentlichungen in namhaften Handarbeitsjournalen, in den Magazinen des Garngroßhandels, im Internet.

Eigenes Label einer Handstrickkollektion seit 2018. Ausstellungen mit Knitart.

Sabine Ruf lebt in Eningen am Fuße der Schwäbischen Alb.

www.trend-design.net.
Instagram: sabineruf_handarbeit

DANKE!

Mein Dank geht vor allem an die Garnfirma Lana Grossa, die mir ihre wunderschönen Garne zur Realisation der Modelle zur Verfügung gestellt hat, außerdem der Firma Prym für Strick- und Häkelnadeln. Gestrickt und gehäkelt wurden die Modelle von meinen treuen und fleißigen Häklerinnen, ohne die es nicht möglich gewesen wäre, dieses Buch zu machen. Auch Ihnen danke ich von ganzem Herzen. Danke auch der Fotografin Nina Kuhn für ihre tollen Fotos, den Lektorinnen für ihr wachsames Auge, den grafischen Gestaltern und allen Mitarbeitern des Christian Verlags.

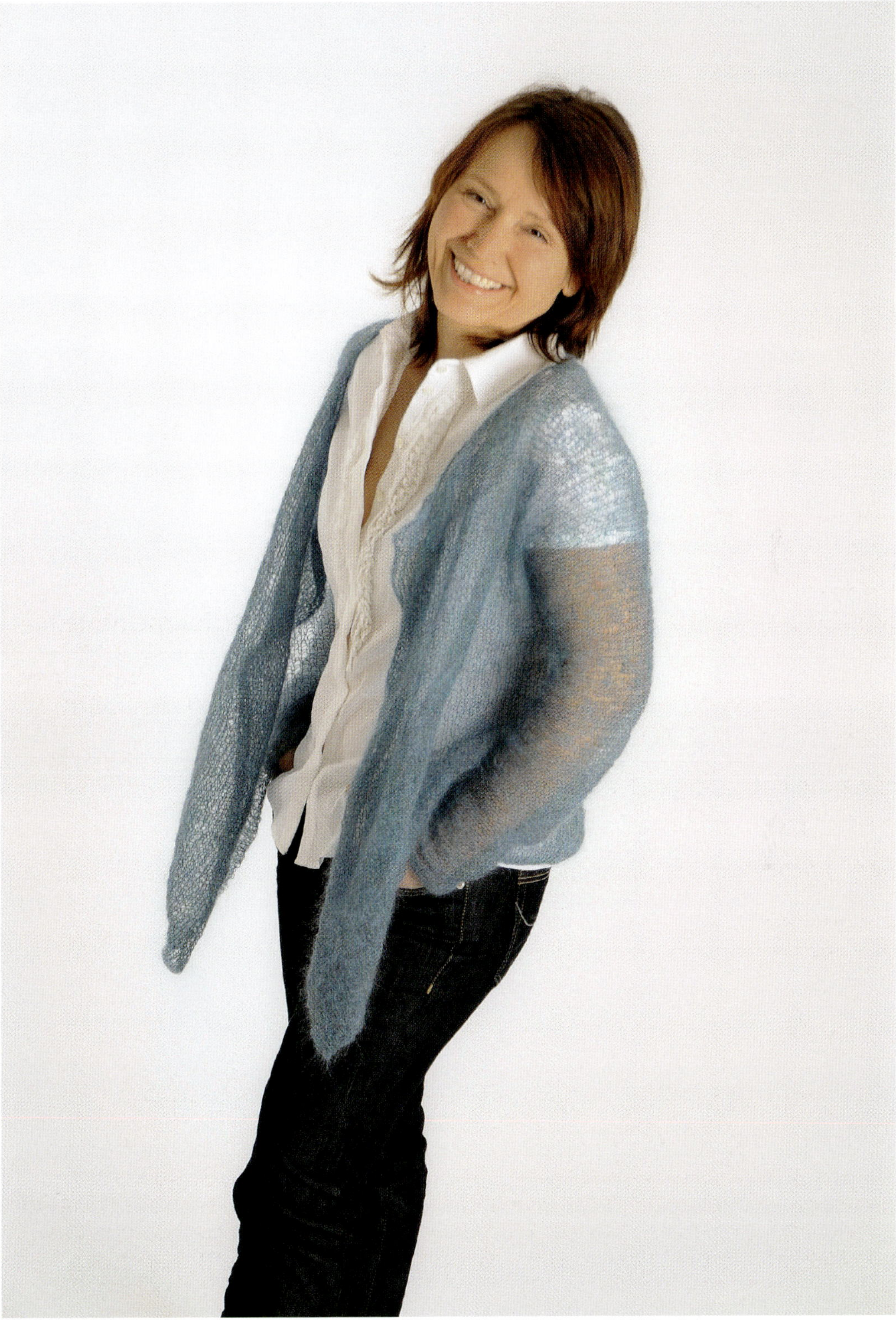

# Impressum

Autorin: Sabine Ruf
Redaktion: Helgrid van Impelen
Fotos: Nina Kuhn www.ninakuhn.de
Seite 6, Shutterstock 1187523169 von FashionStock.com
Seite 9, Shutterstock 125923286 von Vitalii Nesterchuk
Projektmanagement: Andreas Kersten
Lektorat: Anna Maier
Korrektorat: Mareike Weber
Umschlaggestaltung und Layout: Andreas Kersten
Herstellung: Julia Hegele
Repro: LUDWIG:media
Printed in Poland by CGS Printing

★★★★★

Sind Sie mit diesem Titel zufrieden? Dann würden wir uns über Ihre Weiterempfehlung freuen. Erzählen Sie es im Freundeskreis, berichten Sie Ihrem Buchhändler oder bewerten Sie beim Onlinekauf. Und wenn Sie Kritik, Korrekturen oder Aktualisierungen haben, freuen wir uns über Ihre Nachricht an Christophorus Verlag, Postfach 40 02 09, D-80702 München oder per E-Mail an lektorat@verlagshaus.de.

Unser komplettes Programm finden Sie unter

www.christophorus-verlag.de



Lana Grossa GmbH:
Ingoldstädter Str. 86, 85080 Gaimersheim, www.lanagrossa.de

Prym Consumer Europe GmbH:
Zweifaller Str. 130, 52224 Stollberg, www.prym-consumer.com

Die Deutsche Nationalbibliothek verzeichnet diese Publikation in der Deutschen Nationalbibliografie; detaillierte bibliografische Daten sind im Internet über www.dnb.de abrufbar.



ISBN 978-3-8410-6777-7

## Kreativ-Service

Sie haben Fragen zu den Büchern und Materialien? Wir beraten Sie gern rund um alle Kreativthemen. Rufen Sie uns einfach an! Wir interessieren uns auch für Ihre eigenen Ideen und Anregungen. Sie erreichen uns per E-Mail kreativ-service@c-verlag.de oder unter der Telefonnummer 0049-89-1306 99 577.

**Besuchen Sie uns im Internet:** **www.christophorus-verlag.de** **&** **www.selbstgemacht.de**

# Ebenfalls erhältlich ...

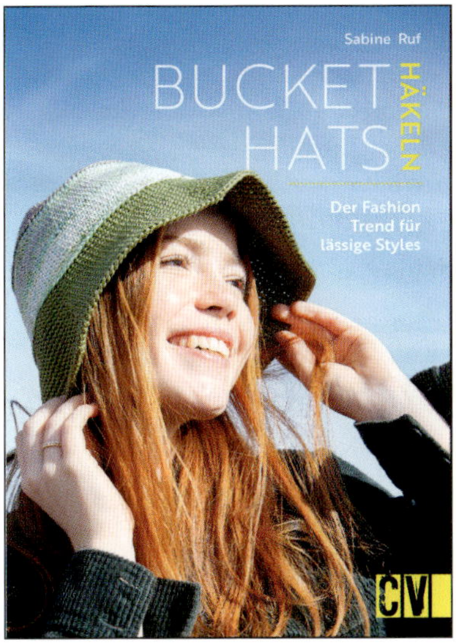


ISBN 978-3-8410-6739-5

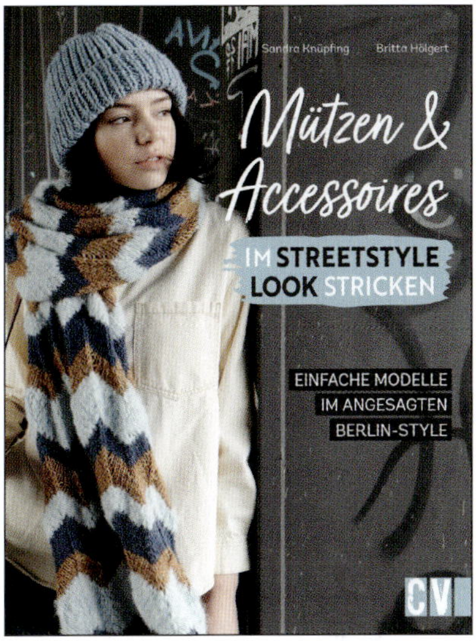


ISBN 978-3-8410-6664-0

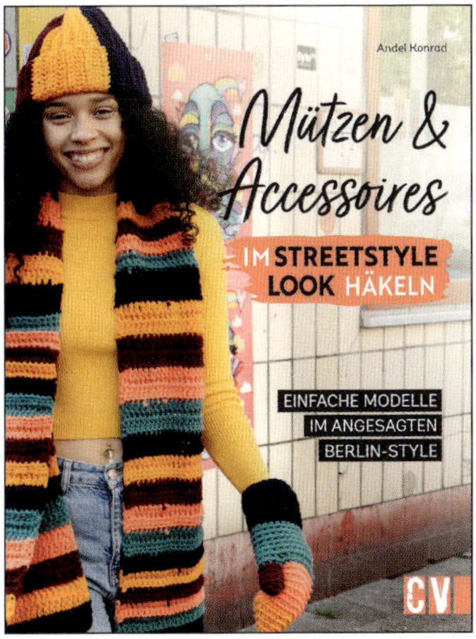


ISBN 978-3-8410-6665-7

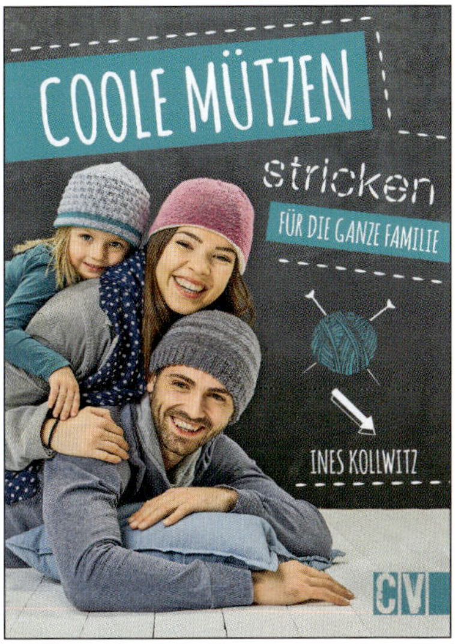


ISBN 978-3-8410-6601-5

CV

www.christophorus-verlag.de